因为是女孩，更要补上这一课

如何给女儿更好的性教育

穆莉萍 著

北京理工大学出版社
BEIJING INSTITUTE OF TECHNOLOGY PRESS

图书在版编目（CIP）数据

因为是女孩，更要补上这一课／穆莉萍著. —北京：北京理工大学出版社，2021. 1（2023.6重印）

ISBN 978－7－5682－9245－0

Ⅰ. ①因…　Ⅱ. ①穆…　Ⅲ. ①女性—青春期—家庭教育　Ⅳ. ①G782

中国版本图书馆CIP数据核字（2020）第222989号

出版发行／北京理工大学出版社有限责任公司
社　　址／北京市海淀区中关村南大街5号
邮　　编／100081
电　　话／（010）68914775（总编室）
　　　　　（010）82562903（教材售后服务热线）
　　　　　（010）68944723（其他图书服务热线）
网　　址／http: //www. bitpress. com. cn
经　　销／全国各地新华书店
印　　刷／唐山富达印务有限公司
开　　本／880毫米×1230毫米　1／32
印　　张／7
字　　数／119千字
版　　次／2021年1月第1版　2023年6月第11次印刷
定　　价／45.00元

责任编辑／宋成成
文案编辑／宋成成
责任校对／刘亚男
责任印制／施胜娟

图书出现印装质量问题，请拨打售后服务热线，本社负责调换

因为是女儿，所以更要给她必需的性教育

我是一名从事刑事检察工作二十多年的检察官，也是一位妈妈。职业的原因让我接触到许多遭受过性侵的女孩，也接触到许多被害女孩的家长。

每一个被害女孩背后都有一个令人长吁短叹的故事。形形色色的人和各种不同状况的家庭促使我关注并思考家庭性教育的关键问题是什么，进而投入精力开展一系列应如何帮助未成年人自我保护、预防性侵的教育、调研和讲座。

在持续关注的过程中，深深体会到单纯的预防性侵犯教育在孩子成长过程中是远远不够的，也深切感受到性教育话题在社会家庭教育中的普遍缺失。

太多家庭拥有因为对性的无知、羞涩，甚至错误的观念，有意识或者无意识地向孩子传递了偏颇的性价值观，导致女孩因为性的无知而遭受伤害。

中国传统社会文化中，性因各种理由在绝大部分家庭中是一个回避的话题，在家中我们可以和孩子谈论无数个话题，但就是不提及任何与性有关的事情。

我们羞涩、害怕、刻意回避，假装看不见孩子性的发育、成长、探索、表现，甚至有时还会打压孩子性的成长，心存侥幸地认为性这部分不用教，且羞于教，孩子长大成人自然就懂

了，自然就会了，然而，无数个案例提醒我们，一份份性侵社会问题调研报告警示我们，事实并非如此。

一方面，儿童性侵害是一种严重伤害，并且被害儿童大多数是女孩，做父母的都不希望这样的事情发生在自己女儿身上。如何预防性侵？如何对孩子进行性教育？这是我最初写这本书的出发点。每个遭受不幸的孩子背后，大多数都存在在性教育上无知的父母。

另一方面，什么样的性教育理念才对女孩的身心健康更有利？这是我写这本书的目的。抚养、保护孩子是父母的责任。目前，面临性教育问题最迫切的、最该学习和成长的是父母。

在养育孩子的过程中，我们付出爱和收获爱，期望孩子能健康、幸福地成长。

作为一名检察官和一位妈妈，育儿过程中有关“性”教育的话题肯定少不了，我自己也踩过不少坑，同时，也吸取了不少经验教训。

这是一本写给父母的家庭性教育书，我想通过一些亲身经历的知识积累和案例分析，给作为父母的你提供一些女孩性教育方面的启发。

穆莉萍

2020年8月10日

目录

第一章

女儿的幸福，和性教育息息相关

章|节|寄|语：

性伴随我们一生，我们却惯常对它视而不见，忽视性教育带来了许多问题。为了女孩一生的幸福，我们来把对女孩的性教育这一课补起来，培养女孩拥有追求幸福的能力。

女孩的性教育，也是一堂不可或缺的生命教育

社会飞速发展，特别是互联网时代，表面看起来，性似乎越来越开放，随处可见有关性的信息，让我们有一种错觉，孩子不用教就自然会懂性，甚至有的父母可能还会嘀咕一句："用得着教？他（她）懂的比你还多！"

传统文化、原生家庭对性的羞涩感在生活中无处不在，让我们羞于谈性，回避性教育。我们往往容易出现一个误区，即在孩子的年龄、认知水平已经适合开始有关性教育的情况下，父母还是刻意回避或禁止有关性信息的出现，但在网络上，性信息又无孔不入，反倒因为家长的回避或禁止，孩子更加容易出现异常的好奇心，常常发生误入歧途的案例。

各种理由和情形影响着我们对性的认知，这些认知又决定了我们如何对孩子进行性教育，即使父母在内心对性教育足够重视，认为需要教、必须教，也可能因社会整体文化或家庭对性的敏感而无法做到坦然自如。

许多性侵案件经过互联网等媒体曝光，加大了父母们的焦虑程度。过度焦虑，让父母们在性教育上容易走向误区：或严格看护孩子特别是限制女孩的出行，或对女孩进行恐吓教育，或在家庭中回避杜绝性的信息，等等。这样的片面性教育，都会深深影响孩子（特别是女孩）的成长以及成年后构建的亲密关系，也会影响孩子以后的健康幸福的人生。

孩子日常接触到有关性知识的信息，往往超出父母的预期。

我在给中学生做预防性侵性教育讲座的时候，曾和他们进行过一个小互动：我把全班学生分成两组，在板书上写下“性”这个字，让第一组学生写下看到这个字后，联想到日常有关身体或者肉体方面的词语；第二组学生写下看到这个字后，联想到日常有关精神、心理方面的词语。之后，再让他们根据自己的感受做出分类，把每组写出的词语分为正面情绪和负面情绪两类。

第一组写下的（联想到日常有关身体方面的）名词和动词有：

男女、乳房、屁股、小鸡鸡、精子、卵子、荷尔蒙、月经、子宫、避孕套、避孕药、卫生巾、底裤、文胸、强奸犯、色狼、baby、sex……

性交、遗精、自慰、胎教、生小孩、打飞机、勃起、

射精、抚摸、接吻、怀孕、霸王硬上弓、泡妞、强奸、同床共枕……

第二组写下的（联想到日常有关精神、心理方面的）名词（或形容词）和动词有：

性别、性感、漂亮、恋人、爱人、夫妻、母亲、宝贝、快感、快乐、幸福、恶心、害怕、害羞、色眯眯、贞操、处女、处男、处女膜、背叛、欺骗、肮脏、小心翼翼……

爱抚、亲吻、上床、做爱、交往、追求、性交易、嫖娼、初次性行为、强奸、偷情……

如果你是父母，见到这样的结果是否和我一样惊讶？但这是实情。

这里面的词语，不管是名词、形容词，还是动词，我们很容易区别这些词语在情绪上是正面的还是负面的。看到性，联想到日常有关联的词语，其实也反映了孩子接触到有关性的信息是积极的还是消极的，如联想到词语“快乐”“baby”等反映的就是积极感受；联想到“色狼”“肮脏”等词汇，反映的就是消极感受。

这也正是性在社会、生活、家庭中的真实存在，有积极的一面，也有消极的一面。这种消极或积极感受的不同，是因为这些词语背后隐含着孩子们对性认识有着不同的角度和价值观。这些隐藏在背后的性价值观，才是我们在对孩子进行性教育的过程中，引导他们理性地理解性的积极意义和某些客观存在的消极现象时，应该觉察的重点。

汉字博大精深，在讲座中，我和孩子们对“性”进行拆文解字：“性”由竖心旁的“心”和“生”组成。“生”有“出生、生产”之意，对于动物和人来说，出生和生产就意味着新生命的到来，是生命之源，但在新生命到来的“生产”之前需要先有“心”，意味着先要有感情（即先要有感情），之后才会有“生产”之事。

这个字的本意是说，男女之间先有了感情，在一起后，才会有新生命的孕育、出生，这才是性的本意。一个婴儿降生了，带着对生命的尊重和崇敬，我们的心情是喜悦的、幸福的、充满希望的……而这一切的前提是因为有性。性是我们的生命之源，是一件美好的事情，应该是作为一个完整的人自然而然去追求和寻觅的。这也是人类自古到今，用尽所有赞美的语言来讴歌母亲的深层文化原因。

拆文解字后，我发现孩子们对性这个字的理解提升到对生命的理解，在这个基础上，我就可以做到和孩子们坦然自如地进行性教育方面的沟通。

理解“性教育就是对孩子的生命教育”，带着对生命的尊重学习生命发育的客观规律，按生命本来的发展规律对孩子进行恰当的全方位性教育，才是父母首先需要“脱敏”的性认知观念。

对孩子的性教育就是生命教育，需要父母能认识到以下几点：

第一，生命的起点来自父母，来自家庭。抚养孩子的过程中，教育是父母无法推卸的责任，父母是孩子的第一任老师。对孩子性教育的起点也来自父母，所以日常家庭生活才是孩子接受性教育的“主战场”。这样一来，父母对性的认知、对性的态度、对性知识的了解显得尤为关键，这也是本书想带给大家的一些信息。

第二，从出生到成年，孩子的成长是一个漫长的过程，性的成长发育也是一个有着本来规律的生命过程。我们应该懂得性教育需要分阶段，可以分为学龄前的幼儿时期、儿童时期、小学五六年级的青春启蒙期、初中的青春发育期、高中的青春成熟期。由于心理和生理发育的阶段不同，差别巨大，如果在关键节点上的教育出现原则性的重大误差或疏忽，往往会造成孩子在成长中出现比较严重的后果，这也是需要父母特别关注的性教育原则。

第三，性教育是一个综合教育，不仅涉及性生殖知识、性生理卫生知识，而且还包括性价值观、性道德、性感受、性追求、性审美、性法律底线、性心理等能够使一个人全面发展的人格基础教育。在这里，我主要想强调的是女孩性意识的教育。在女孩的成长过程中，最关键的是身体自主权和性平等意识，我们将在后面的章节具体讲解在女孩性教育过程中的这些关键点。相信每一位养育女孩的父母的初心都是想孩子得到幸福。毫不夸张地说，只有给女孩健康的性教育，她才会拥有获得幸福的能力。

基于养育生命的责任，为人父母在性认知方面的自我觉察和学习也就显得重要和紧迫了。那么，在女孩成长的重要阶段，有哪些性教育的关键原则和节点？后面的章节将一一道来。

女孩的性教育，存在更多的特殊性

父母对待女孩的性教育一般都会特别谨慎和重视，有别于男孩。谨慎和重视的焦点是担心女孩受到性骚扰或者其他性暴力，以及如何预防性侵的问题，但对涉及其他方面的性教育，反倒消极应对。

父母的消极态度导致女孩从小接受到的性教育大部分是被动的，有的出现空白，有的出现偏差，还时不时出现个别极端的例子，因此更加深了父母的焦虑程度。特别到了青春期，父母认为女孩容易吃亏，加强了对女孩接触异性的管理，于是形成了对女孩的性教育总体上的态度是回避、隐晦、畏怯。

父母对待男孩性教育的态度则相对宽松得多。大体上，父母对待男孩的态度是，只要不惹出什么出格的事情就好。父母对男孩性教育的相对放任态度，看起来是相对积极的，实际上也是消极的，并且负面影响一样存在。性教育的空白和父母相对宽松的态度，会使男孩更容易接触到网络世界里良莠不齐的性信息，其结果同样不可预测，出现极端例子的现象也不在少数。

随着现代社会的发展，从“人生而平等”的自然法则概念来说，在本质上，女孩的性教育其实和男孩的性教育应该没有什么区别，目的都是让孩子拥有获得幸福的能力。

所以上述两种态度都是错误的，都不利于孩子的健康幸福成长。

假如，我们对男孩女孩在性上面的态度依旧保持不变，依旧不去正视现实社会客观存在的性别歧视问题，仍旧按照原来的方式方法对待女孩的性教育，又怎么可能让这个问题得到改善?

对女孩的性教育基于客观现实的不同。这种不同涉及性教育的各个方面。作为家长，需要掌握符合女孩健康幸福成长的综合人格教育的性理念，应尽力把女孩培养成具有独立人格并能够自主把握生活的现代女性，而不仅是担心预防性侵的问题。

如性别平等问题，我们除了告诉女孩性别平等观念之外，更需要教育女孩要有勇气面对现实中出现的性别歧视问题，有勇气去争取自己遭遇性别歧视时的利益损失，而相对男孩的性别平等观念教育，则需要更强调“尊重”的含义。

女孩的性发育成长规律有和男孩共通的地方，也有作为女性特殊的部分，父母需要以不同的态度来对待特殊的

部分。

这里一再强调女孩性教育的“不同”，不是为了强调女孩如何特殊，而是为了提醒父母审视自己在对待女孩性教育方面存在的偏颇看法和态度。

或许有的父母会认为自己对孩子是一视同仁的，男女都是同样的爱，不存在什么不同，也不存在偏颇。下面，我们看看生活中常见的几种情形，反问一下自己是否真的做到了一视同仁。

在遇到女孩淘气捣蛋的时候，即使没有呵斥她“一点女孩的样子都没有”，但还是会感叹“这女孩怎么没有一点淑女样子？”

问问自己，这是不是对女性性别的刻板印象？

性别刻板化印象自然会影响到父母日常对待女孩的语言和行为，而对性别的歧视就来自对性别刻板化。

再问问自己，当见到小女孩尝试查看自己身体性器官的时候，父母是如何阻止的？生活中经常会听到“羞羞羞，不准看！”的阻挠，也有父母态度更粗暴些，直接骂一句“不害臊！”

仔细思考一下，这些言语和态度是否已经不自觉地传递了对女性性器官的耻辱感和厌恶感？

固有的对性的偏见会影响到我们日常对待女孩性教育的态度，也会潜移默化地影响孩子对待性的态度。

以“让孩子拥有健康幸福的人生”为目的的性教育我们都赞同，希望孩子懂得健康的性知识，拥有正向的、积极的性态度和性理念，而对待负向的、消极的性事件或现象的时候，又可以做出正确的、有利于自己的判断和行为，然而，在日常生活中，我们又随时传递着负面的性价值取向，如果父母在做着南辕北辙的事情，又如何期待能够达到我们的目的？

女孩性教育的不同，需要父母先思考有关性教育本身的问题。

假如是母亲，请思考自己认为女孩性教育的哪些方面是羞于启齿的？假如是父亲，请思考自己对待性的观念是否有双重标准？

社会、家庭乃至个人，在对待女孩性教育方面其实都有存在偏颇的地方，当我们还没有能力改变家庭、改变社会环境的时候，可以先改变自己，最起码改变正在看书的自己。

所以父母需要先学习性知识，坦然承认自己的不足，摒弃旧的观念、错误的态度，接受新的性教育理念，为了女孩拥有健康幸福的人生，纠正那些带有偏见的看法，适当地调整对女孩在性方面的态度，才能够把她们培养成拥有身体自主权、性平等意识、有勇气的现代女性。

女孩性教育的不同，仅是理念方法形式的不同，其本质目的和男孩性教育是一致的，都是让他们拥有带给自己幸福的能力。让女孩做一个有能力保护自己、有勇气追求自己的幸福的人，这才是我们养育的初衷。

性教育贯穿养育的始终，什么时候补课都不晚

性教育从什么时候开始，本来不是一个问题，却常常困扰着年轻的父母。和孩子早讲早沟通，觉得孩子听不懂，没必要；等孩子大一点再和孩子讲，又觉得怪尴尬的……时间飞逝，不知不觉让社会大课堂（如网络、电影、同伴等）当了孩子的老师，等父母发现孩子出现偏差行为想纠正时，又苦于无计可施。

等孩子（特别是女孩）的青春期一到，每每风吹草动，做父母的都暗暗胆战心惊，这边刚鼓起勇气想开口讲，那边已经吃了闭门羹，偷偷在床头或者书桌上放一本关于性教育的书籍，谁知道人家一点好奇心都没有，动也不动一下。

这些大约是父母在面对孩子性教育方面的常态。

为人父母，在怀孕时期都有对孩子性别的判断和期待，当孩子出生后，父母知道了孩子的性别，不论是否有自我觉察，这个时候你对孩子性教育中关于性别角色的教育就已经

开始了。

照顾宝宝时的动作、语言、神情都会因为知道他（她）是男孩或者女孩而不同，我们会下意识地把自己对男孩或者女孩的期待和认识加载到对待孩子的方式中。

比如，给宝宝买衣服时，在蓝色和粉红色之间选择，我们下意识地会给男孩选蓝色，给女孩选粉红色；给宝宝买玩具时，在挖掘机和芭比娃娃之间选择，我们会给男孩买挖掘机，给女孩买芭比娃娃；面对不会说话的小宝宝，我们抱起女孩比抱起男孩时，会不由自主地格外温柔细心些；在回应男孩和女孩的哭声的时候，只要你留意，就能发现我们的神情、语言、动作都有区别。有关研究表明，女孩在被照顾的过程中会得到比男孩更多的抚摸和拥抱。

这些照顾方式的不同是基于我们所处的社会文化对男性和女性性别角色的认知不同而形成的，其实就是一种潜移默化的性别角色教育，可以帮助孩子建立对自己性别的认同、认可，避免人为的错误引导，让孩子对性别认同产生混淆。

随着孩子的长大，我们还会因为孩子性别的不同，而对他（她）提出行为、品质、性格等许多方面的不同要求，而对这些不同要求的应对方式，也会逐渐加深孩子对自己性别的认同，进而建立完整的自我。

看到这里，相信家长们明白了，不论你是否有自我觉察，性教育其实从孩子出生时就开始了。

我在前面的章节中讲过，性教育是一项综合教育，从孩子出生开始，不局限于性别认知，性教育贯穿于我们养育的始终。

也许，家长关注的是在孩子成长过程中，共性的性发育、性教育规律有哪些关键节点？对于这个问题，将在后面的章节中详细讲述。

关于性知识，家长肯定比年幼的孩子懂得多，家长或许更关心，有什么方法可以帮助自己和孩子顺利进行性话题的沟通？哪些性知识契合孩子的认知水平？对于沟通原则和方法问题，也将在后面的章节详细讲述。

最着急困惑的，我猜可能就是发现孩子有关于性方面偏差行为的家长了。当发现孩子出现关于性方面的一些偏差行为时，其实父母在性教育上已经出现了偏差，到了应该马上修正的时候了。

可能是孩子的性意识被提前唤醒，出于好奇心做出了一些出格的偏差行为；也可能是孩子的性意识严重滞后，出于无知或依赖心理做出一些不合时宜的行为。不论是哪种情况，都是在提醒父母必须修正自己的做法。

比如，正常离乳分床的年龄在0～6岁，但有些父母并非由于客观条件的原因，还和年龄在10岁以上的孩子一起睡。当

父母已经觉察孩子特别黏人，还会要求抚摸母亲乳房才能入睡的时候，应该怎么做？是继续放任孩子耍赖不分床还是马上分床？这是需要父母做决断的事。对孩子性心理发育的不良影响了解不够，对孩子不合时宜行为的迁就造成的不良影响认识不足，困扰于问题却不做出补救行动，才是造成父母悔之已晚的原因。

孩子从出生到养育至18岁成年，在性教育方面，作为父母都责无旁贷。意识到出现偏差问题的时候，就是父母修正错误的最好时机。

我们对已经发生的过去无法补救，把不良后果影响降到最低直至消除，最佳时机就是现在。

性教育贯穿养育孩子的始终，任何时候意识到问题的存在，都是采取补救措施的最佳时机。唯一需要父母努力的是，掌握正确有效的补救措施并采取行动。后面的章节将给出答案。

第二章

父母应该向女儿传递怎样的性理念

章|节|寄|语：

性理念是内化在我们内心的一种价值观。不同的性理念会导致我们在日常生活中面对和性相关的事情时，做出不同的选择和决定，不知不觉影响到我们的行为方式，或许刹那的一个决定，就能影响人生轨迹。

女孩性意识的培养为何如此重要

什么是性意识？从百科文库里，我们可以得到这样的一个概念“性意识（sexuality），是指针对相关对象能引发性欲和性唤起的神经反射。一个人的性取向可能会影响他们的性意识及对另一个人的兴趣和吸引力。影响性意识的因素有生物、情感、生理、精神方面。性意识的生物学方面依赖于生殖机制以及原始本能，受激素控制。”

性意识的形成和发展从孩子出生时就开始了，最早的性意识是建立父母和自己性别角色意识，在0～3岁。

孩子的生物性别是天生的，由基因决定，但性意识的形成不是天生的，知道自己是男是女，也称为辨别自己的性别归属，这是后天习得的。

孩子从父母、家人、小伙伴的服饰、外貌、形态、声音、语言、行为等辨别了男女性别的不同。这是性别身份认同的起点。

性意识包括对性的理解、体验和态度。随着身体发育和性心理的成长，女孩对性的理解逐渐加深，会天性使然地进行自我探索，感受身体性器官。女孩对性的态度是在和父母、社会环境互动过程中逐步形成的认知。

谈性意识的培养不能离开女孩的性别属性，传授给女孩性生理卫生知识以及生殖器相关功能，是培养她们拥有健康性意识的基础条件。

当孩子开始对身体进行自我探索的时候，父母首先应该允许女孩充分探索了解自己的身体，根据年龄、认知水平的不同，教授包括生殖器名称在内的性生理卫生知识。

这部分的知识在现代社会可以说都非常容易获取，父母需要筛选出优良、正规、科普性的知识资料，可以是书籍、图片，也可以是视频。值得注意的是，不论是自己教授还是借助资源，对性生理知识需要做到符合女孩的年龄阶段、探索阶段和认知水平。

大部分时候，父母往往低估了孩子的好奇心和求知欲。当孩子幼年时，甚至还没学会说话，我们会自然地教他们认识手、脚、眼、眉、鼻、嘴等身体部位名称，孩子也很快学会了，我们没有担心孩子认知水平不足，学不会，等孩子长大后，父母却会忽略教授和性相关的身体部位名称，如屁股、阴部、肛门等，不论出于什么理由，父母都应该改变这种观念。

性生理卫生知识是男孩女孩都需要了解的，只要孩子能

懂，愿意学习，都应该充分帮助女孩去正确认识自己的身体构造，特别是性器官的构造。

在对女孩进行性教育时，性生理卫生知识的教育和传授只是一小部分，对性的理解、体验和态度在内的性意识才是重点而恰恰这一点才是父母普遍容易忽视的部分。

知识是中性的，对性的理解却是主观的，对性的体验更是个体感受，任何人都无法越俎代庖，而对性的态度反映出个人对性的价值判断和取向。

女权运动先驱波伏娃曾在《第二性》中写过一句影响深远的话："女人不是天生的，而是被塑造成的。"

从对女孩性教育的角度来说，正好说明性意识的培养是构建女孩发育的关键，成年后作为女人的核心，对她的生活影响也是全方位的。

性意识是女孩成长中的关键，主要有三方面内容：

第一个是女孩的"身体自主权意识"，与其相对立的是"物化"女性。生活中"物化"女性的情形经常可见，带给女性许多现实的伤害，如家暴是男人把女人当作他附属物的表现；过度整形是因为女人把自己当作取悦他人的事物；父母强行收取彩礼，棒打鸳鸯，更是把女性当作可以交换的事物；等等。这些都给女性带来了巨大的伤害。

一切伤害的根源，就是没有建立起女性的身体自主权意识。若要减少或者消除这些伤害，则需要父母有意识地培养女孩的“身体自主权意识”。

第二个是“性平等意识”。抛开现实中性敏感、性别不平等的现状来谈培养女孩“性平等意识”，没有任何意义。客观正视性别不平等的现状，审视自己作为父母，对性平等意识认识的偏差，用正确的方式唤醒女孩的性平等意识才是父母需要学习的。

第三是“勇气”的培养。我们习惯性对女孩性教育是消极的，总体上造成了女孩对性的态度是一种躲避、隐晦、畏怯的负面态度，而能够改变这些不良负面影响的就是“勇气”。

身体自主权、性平等、勇气这三个女孩性意识教育中的关键点，在下面章节中，我们将具体谈到。

身体自主权意识是女孩性教育的核心

在生活中，当我们得知女孩遭受性暴力伤害时，作为成年人，常常会感叹：“受害女孩某某当时怎么会一点警惕心都没有？要是在最初有这个意识的话，就不会发生这样的事情了。”

这个时候，我想请大家思考一个问题，某事件中最初的“这个意识”到底是什么意识？当女孩在自己身体受到最初轻微冒犯的时候，心底怎么想才是有警觉的？“这个意识”才会冒出来？

假如你对答案有点懵，我们暂时放一边。这节内容，我想和大家重点讲一讲身体自主权意识，或许你看完就有答案了。

对女孩进行性教育的目的是培养她们拥有健康的性理念，建立并维持健康的人际关系，同时，让女孩懂得保护自己。若要达到这个目的，则应先培养女孩的“身体自主权意识”。

第一次见到“身体自主权意识”这个词，人们普遍会感到疑惑。这个意识还需要培养？我们的身体难道不是自己的？我们每天都对自己的身体做主呀，因此会认为人有“身体自主权意识”是一件理所当然的事情。

然而，当仔细分析一下社会上有关女性性特征现象和话题的时候，你会发现并不是这么一回事。

首先，中国传统文化对“身体自主权”的态度是消极的、依附性的。《孝经·开宗明义》中提到：“身体发肤，受之父母，不敢毁伤，孝之始也。”这里所谓的身体发肤，不敢毁伤，是基于孝道，并不是基于我们应该尊重、爱惜、爱护自己的身体。

在这样的传统文化氛围中，“老子打孩子，天经地义，孩子打老子，天理不容”。父母教育孩子，体罚一下，司空见惯，只要不过分，不构成虐待，没有谁会觉得不妥，也不会提出异议。

我们心安理得地认为这么做是可以接受的，其深层逻辑就是父母生你、养你，就有这个权利选择对待你的方式，包括体罚。

影视作品里有个司空见惯的场景，女子在向爱慕的人表白时，常说的一句话就是：“我以后就是你的人了”。从性理念角度来讲，这是隐含着身体、心理依附性的爱恋表白。

除影视作品外，在现实生活中，各种“物化”女性的情形也很常见。如奥迪广告将女性比作“二手车”，触发众怒；整

形广告在日常生活中随处可见；某些地区在嫁女儿时，女方父母还会收取很多彩礼；等等。另外，还存在性交易、拐卖妇女等违法犯罪行为，女性被物化的现象和市场广泛存在。

仔细研究上述情景就会发现，这些社会现象的形式都是由于当事人没有“身体自主权意识”。

身体自主权是指在个人意志自由情况下，自己可以独立判断，拥有对自己身体行为处分的决定权。在性的范畴中，身体自主权可以解释为所有和性相关行为的决定权都属于个体，他人无权以任何形式强行要求。

身体自主权意识就是上述权利在自己内心存在并确信的一种状态。

比如，文学作品《致橡树》（作者：舒婷）就从性理念的角度反映出个体应该拥有身体自主权意识。从积极的两性角度表白爱恋，不存在身体心理的依附关系，隐含在个体内心确信的就是自己也是一个完整的人，爱恋是平等而美好的。

这种情形和之前提到的影视剧中女人表白“以后我就是你的人了”的情形形成了鲜明的对比。

在这两种情形中，内心体现出“身体自主权意识”的女人获得幸福的概率，远比内心没有这种意识的女人要大得多。

父母希望女孩是作为拥有“身体自主权意识”的个人，能够拥有更加积极的未来，但这不是一件容易的事情，从社会层面来说，也不是人人都拥有“身体自主权意识”，更何况是在相对保守的性领域。

这需要家长打破成见，对习以为常的一些行为（特别是对待女性的行为和社会现象）多一些觉察和思考，停止错误的方式和态度，就是进步的开始，之后再学习如何更好地对女孩进行性意识教育。

假如你对如何加强女孩的“身体自主权意识”的培养很迷茫，那么从以下几个方面着手，或许会对你有所启发。

第一，帮助女孩充分了解自己的身体，只有接纳并爱惜自己的内心，才能孕育出“身体自主权意识”。了解性生理卫生方面的知识是帮助女孩了解自己的一个途径，注意不要使用带有负面的、消极的语言来称呼女性性器官和性特征。我们需要让女孩接纳自己的身体，而对女性身体性器官负面的态度会直接影响女孩从内心接纳自己的身体。一个否定自己身体的女孩，又怎么可能会爱惜自己的身体？“身体自主权意识”也就无从谈起。

第二，“身体自主权意识”的建立不是一蹴而就的，而是有一个从朦胧到清晰意识的认知过程。父母可以做到从尊重孩子的自我意识开始，即使孩子尚且年幼，“身体自主权意识”也需要启蒙。比如，我们看到可爱的女孩，常常会强吻她，包括父母也会强吻自己的孩子。当我们意识到应该培养孩子的“身体自主权意识”时，要马上停下强吻孩子的举动。在你想亲吻孩子之前，需要征得孩子的同意，尊重她幼小的自主权意识，这样，一颗小小的“身体自主权意识”的种子就种下了。即使生活中很小的一件事，只要涉及孩子的身体和喜好，父母都应尊重孩子，先征得她的同意，再给她与年龄认知相匹配的自主权，并尽力呵护孩子成长的氛围，孩子的自主权意识才会发芽、茁壮成长。

第三，若错过小时候的启蒙，也可以通过不断学习，帮助孩子建立自己的“身体自主权意识”。通过法治的学习，我们可以明白，天赋人权。《中华人民共和国宪法》（以下简称《宪法》）第二章规定了公民的基本权利和义务，即“国家尊重和保障人权。”法律保护公民的人身自由，身体健康不受侵害的权利。这些都是启发孩子建立属于自己“身体自主权意识”的基础。加强性知识的学习可以使我们明白男女身体构造是不同的，没有贵贱之分。在这里需要提醒家长们一句，家长首先要反省自己有没有“身体自主权意识”，因为你无法给孩子连你自己都没有的意识。通过和孩子共同学习，一起成长，即使错过早期启蒙，当下及时把这颗种子补种上，再经过日常维护，“身体自主权意识”同样会在女孩的内心沃土中成长起来。

这时，再回到我们开头的问题，“这个意识”到底是什么意识？它就是“身体自主权意识”。

当女孩拥有“身体自主权意识”的时候，当她最初遭到他人冒犯时，能够感知自己的身体受到了侵犯，才会有警觉。有了这个警觉，下一步女孩才可能会防范性侵行为。

纪伯伦有一首诗写得很好，里面洋溢着“身体自主权意识”的内涵。

你的儿女其实不是你的儿女。

他们是生命对于自身渴望而诞生的孩子。

他们借助你来到这世界，却非因你而来。

他们在你身旁，却并不属于你。

你可以给予他们的是你的爱，却不是你的想法，

因为他们有自己的思想。

你可以庇护的是他们的身体，却不是他们的灵魂；

因为他们的灵魂属于明天，属于你做梦也无法到达的明天。

你可以拼尽全力，变得像他们一样，

却不要让他们变得和你一样；

因为生命不会后退，也不在过去停留。

若要培养孩子的“身体自主权意识”，首先需要启蒙我们自己。

如何唤醒女孩的性平等意识

我们生活在现代社会。不可否认，随着社会的发展，性平等意识比以前更加深入人心，整个社会为性平等做出的努力取得了有目共睹的成绩，但这并不意味着性平等的问题就得到了解决。

女孩终将以女性的角色走向社会和未来，性平等的时代进步是不可阻挡的潮流。若要帮助女孩树立起能更加适应社会变化的性别角色，唤醒她们的性平等意识是关键。

性平等的对立面是性歧视，社会上性歧视的现象很多，有对女性的性歧视，也有对男性的性歧视，但总体上对女性的性歧视更多一些。

从社会层面来说，各种社会性歧视现象导致了某些社会后果。比如，计划生育中因重男轻女的观念，直接导致的后果就是女婴堕胎，男女出生比例失调。

从家庭维度来说，性歧视导致女性的基本合法权益受损，使女性不被尊重，甚至还会导致家庭的破裂。比如，对女性的家暴就是一种歧视，认为女性理所当然该承担更多家务是一种歧视，在教育孩子过程中，要求活力充沛的女孩文静温柔一些，也是一种刻板印象的性歧视。

从个人角度来说，性歧视导致女性在同工同酬方面遭受不平等待遇却不敢争取；对女性性特征的“物化”，导致女性畸形追求整容效果；在性体验方面的性别歧视，导致女性不敢追求幸福和谐的两性关系；等等。

女孩性平等意识第一颗种子就在我们的家庭中，父母平时在家中体现出的性别意识会像影子一样照在孩子的心里。

作为父母的你是否觉察到，自己在日常生活中要求女孩做出某一种符合自己期望的行为时，会下意识地说：“女孩子要有女孩子的样子，要这样不要那样！”“你是一个女孩子，和他们疯什么！”看电视剧时，遇到不喜欢的女性形象，家长都会带着鄙夷的神情嘟哝一句：“这哪里是女人！”

若新闻里报道了一个女孩被性侵的事件，当看到女孩打扮得漂亮时尚，父母会故意提一句：“这女孩打扮得这么妖，人家不找上她还能找谁？”父母没有指责侵犯者，反倒责备被害人，想保护女孩的初心却变成了性别歧视。

再审视一下自己的家庭，是否总是母亲或者奶奶等女性角色承担绝大部分的家务并认为这是理所当然的？夫妻吵架是否也会脱口而出如：“有你这样做女人的吗？”“你身为男人怎么能这样”等类似的话，用心中理所当然的性别刻板印象攻击对方？

觉察自己心中对性别认知的偏见，修正自己对待性别歧视的语言和行为，正视现实存在性歧视的客观情况，我们只有在女孩性教育理念中强调性平等意识教育才有意义，才会有效果。

性平等意识的教育包括性别身体平等意识、性别权利平等意识、性爱平等意识三个方面。

作为父母，在养育女孩的过程中，应该以哪种正确的方式唤醒女孩内心的性平等意识呢？

第一是性别身体平等意识。男女身体在客观上是不一样的，特别是性器官、性特征方面有巨大的差异，但这只是不同，没有高低贵贱之分，他们是平等的。

我们在日常生活中因受各种因素的影响而认为女性的身体是不洁的，在看待女性的身体特别是性器官、性特征时，下意识会认为是羞耻的、诱惑的、丑恶的。比如，许多传统风俗文化中，因女性有月经生理期，认为是脏的而歧视限制女性参与一些家庭或家族事务。女性自己在日常生活中，认为女性生理期是脏的、麻烦的观念也很普遍，还有某些人有处女情结，等等，这些都是对女性身体的歧视。

上述因素不知不觉影响着我们对待女性身体的态度、语言和行为，因此在养育女孩的过程中，我们需要觉察并纠正自己的言行举止。

当年幼的女孩知道其他男孩小伙伴有外露的性器官（父母一般会告知孩子那叫“小鸡鸡”）而自己没有的时候，常会向父母询问“自己的小鸡鸡在哪里？”或问母亲“你的小鸡鸡呢？”大部分的父母只会直接回答，男孩才有，女孩没有，不会解释为什么，更不会借此机会给女孩普及性生理卫生知识，而是只想快点结束这个尴尬的话题。

最后只留下女孩对男孩有“小鸡鸡”的羡慕，殊不知这小小的羡慕心理让孩子不自觉地认为，男性身体比女性身体具有优越感，于是我们常常见到孩子在幼年时进行游戏或者吵架的时候，男孩因性别身体优越感而出现语言、行为的强势。我们不自觉地为性别身体歧视的土壤又施了一次肥。

正确的唤醒方式是什么？当女孩开始对男女性别的不同进行探索的时候，尽可能中性地、科学地来解释身体不同部位，男性有阴茎，女性有阴唇；男性有睾丸，女性有卵巢；男性有精子，女性有卵子……如果用日常俗语代替，应尽量选择不带歧视性的俗语称呼。

解释女孩的疑惑，帮助她认识到自己的身体只是和男孩的不同而已，女孩身体和男孩身体一样珍贵，都是父母的宝贝，用理性之爱唤醒孩子内心性平等意识的第一缕阳光。

第二是性别权利平等意识。性别权利平等是指尊重个人的意愿、爱好和选择，给男女平等的机会，并不是说结果平等，因为机会平等不一定会导致结果平等。

比如，报名参加某些社团机器人比赛，我们需要关注的是报名资格和评分标准的设置，有没有给男孩女孩相同的机会，而不必纠结比赛结果是男孩得奖还是女孩得奖；父母在给女孩报各种兴趣班或者培训班的时候，有没有尊重女孩的意愿、兴趣、爱好？有没有给女孩自己尝试、选择的权利？

在家庭养育过程中，唤醒女孩内心性别权利平等意识，不是告诉她“《宪法》第四十八条中有关于男女平等的法律规定”就可以了，而是需要我们在养育女孩的过程中，消除对女孩的刻板印象，尊重女孩的个体不同，允许她自己做出选择，并让她独立承担选择的结果。其实就是给女孩和男孩同样选择的权利，允许她们可以和男孩一样调皮捣蛋淘气的同时也让她们一样承担后果，而不是带着对女孩的刻板印象，脱口而出“你是女孩子……”，要求女孩有所谓女孩的样子。当然，当女孩愿意做符合父母或者他人印象中的女孩的时候，也要尊重她们的选择。

女孩习惯了有选择权利的时候，她的性别权利平等意识就在内心长出来了，她就能知道要为自己争取平等的机会，而不是纠结平等的结果。

第三是性爱平等意识。性爱平等是指对人正常性欲望的接纳和尊重。

父母们或许很疑惑，性爱是成年人的事情，怎么对女孩培养性爱平等意识？

我们暂把疑惑放一边，先思考一下男女成年世界的性爱是否有歧视现象？或者这么问，女人的正常性欲是否得到了接纳和尊重？这个接纳和尊重的人也包括女人自己。

我们的社会习惯打压女性有性的欲望，包括正常的欲望。有段子嘲笑女人说“三十如狼，四十似虎”，更多的是社会群体对女性的打压，女性自我压抑导致的后果是许多婚姻不和谐、女性自身的性压抑或者转移，从而引发其他心理疾病或身体疾病。

性爱平等意识的另一个表现就是男性常常走上另外一个极端，如壮阳市场的火爆就是一个侧面反映。

父母首先要明白，性爱平等就是男女首先接纳自己个体的正常欲望，并尊重自己和对方的意愿。性爱平等意识是婚姻幸福的基石。基于这样的理念，我们该如何正确唤醒女孩的性爱平等意识呢？

人的欲望是分阶段的，性爱的欲望不是从出生就有的，但对身体愉悦的探索确实从出生就开始了，幼童（0～6岁）时期，孩子都会无师自通地通过抚摸性器官来感受愉悦，甚至有报道称四维彩超拍到了胎儿在子宫里就会抚摸性器官。

当孩子特别是女孩自发探索自己身体时（0～6岁），只要父母给予足够的空间和尊重，她们就自然会体验到身体的性愉悦。至于涉及的卫生、隐私等问题，那是另外一回事了，后面的章节会介绍。

对女性欲望接纳的程度，取决于幼童时期父母对女孩进行身体探索时的态度。

当女孩到了6～10岁（童年时期）时，孩子们会玩性游戏，因此允许女孩参与性游戏，允许她们自己体验，帮助她们接纳自己的性感觉并建立尊重的规则。至于性游戏该注意哪些方面，以后的章节也会详细介绍。

当女孩到了青春期性特征蓬勃发育的时候，父母应继续引导她们爱惜自己的身体并尊重她们，做好底线教育，然后适时退出，父母也就完成了对女孩性爱平等意识的启蒙。至于其他，就只能靠女孩自己了，毕竟性意识中关于性体验的部分属于个人感受，任何人都无法越俎代庖。

随着社会的发展和进步，性平等意识也越来越深入人心，但性别不平等的现象仍然存在，同样影响着女孩。父母在养育女孩的时候，需要在她们心田里种下“性平等意识”的种子，纠正自己偏颇的言行，为这片土壤浇水施肥。

勇气是女孩性意识培养中的重要环节

家长们都期望女孩在离开自己的呵护后，有勇气面对困难和挫折。勇气是一种难得而且宝贵的品质。

与男孩相比，女孩更容易遇到性暴力，事实上也比男孩更多地遭受性侵害，所以勇气这个品质在女孩的性意识教育中，显得尤为重要。有关性暴力的话题我们后面会专门讲到。

勇气不是单独存在的，它和身体自主权意识、性平等意识相辅相成，互相促进。

勇气并非无所畏惧，而是明知畏惧，仍迎难而上。如果怯懦在左边，鲁莽在右边，那么勇气就是怯懦和鲁莽之间的黄金分割点，既需要不断远离怯懦，又不至于走向鲁莽。

当年幼的女孩终于学会跌倒后自己爬起，我们会为她的勇敢鼓掌；当女孩克服恐惧、困难，跨过障碍物时，我们欣喜她的成长；当女孩克服胆怯、紧张，鼓起勇气上台演讲时，我们为她的勇气欢呼……

在日常生活中，我们会注重对女孩勇气的培养，然而在性

教育领域，大多数家长依然禁锢于成见，小心翼翼，几乎不会在和女孩沟通性话题的时候给予肯定，也不会对女孩在身体性探索的时候给予鼓励和表扬。对性的羞涩和耻辱感，压制着我们对性接纳、开明、放松的态度。这个时候，怎么可以奢望女孩在遇到和性相关问题的时候，会有勇气表达出来呢？

勇气的品质不会凭空生出来，需要在成长的过程中慢慢培养，以下三个因素是培养女孩性意识中勇气的大忌：

第一，对女孩的性格有刻板的要求，比如，女孩要文静、柔弱、优雅、淑女等。这里并不是说女孩不可以有这样的品格，而是说作为父母，不应该对女孩有这样一种刻板印象，然后在生活中要求女孩表现出文静、柔弱、优雅、淑女的样子，限制、打压女孩活泼、好动的一面。每个女孩的天性品质都不一样，只有接纳、尊重并鼓励她们发展不同的天性，勇气才会像大自然的伴生矿一样，伴随着其他矿产而自然产生。

第二，对女孩人身过于保护的态度。因为女孩柔弱的天性，在照顾和养育女孩的过程中，父母往往对其格外呵护，因为女孩更容易遭受性暴力伤害，父母们往往会对女孩特别关注和保护，为她们遮风挡雨，一心想把女孩培养成娇艳的花朵，殊不知这是在室内，却想不到室外依然会有狂风暴雨。看着女孩如娇艳的花朵的时候，父母忘记了自己不可能为她遮风挡雨一辈子，女儿终将走出室外，踏入社会，离开父母，组建自己的家庭，有属于自己的独立生活。到了这个时候，面对生活的狂风暴雨，这才想起勇气的重要，会不会迟了点？

第三，对女孩性教育回避、畏缩、胆怯的态度。这需要每位家长自我反省，当女孩最初对身体进行性探索的时候，你是阻止还是接纳？当女孩提出性问题的时候，你是坦然回答还是尴尬搪塞？在面对女孩身体性发育的时候，你是表现出担忧害怕还是欣喜祝福？我们应该明白，在回避、畏缩、胆怯的氛围中，不存在勇气成长的空间。

与其说勇气是培养出来的，不如说是在生活中积累出来的。生活中的接纳和鼓励如涓涓细流汇集在一起，汇成大河，是勇气的源泉。当遇到乱石险阻时，汇集的河水就会呈现出蓬勃的力量。

第三章

和女儿沟通性话题的原则和技巧

章|节|寄|语：

性话题如此敏感，以至于我们小心翼翼，其实当你真正明白“食色性也”的含义时，就会放下成见，以尊重和信任为核心，和孩子开心地聊聊。

性话题有利于保持良好的亲子关系

当年幼的孩子还处在认识身体的阶段时，会询问一些身体性器官名称，父母虽然会觉得有点不好意思，一般都还能淡定地回答。随着孩子的长大，对越来越多的性问题开始探寻的时候，我们总是难免尴尬。

聊性话题时，需要家长和孩子建立良好的亲子关系；反过来，也可以通过和孩子聊性话题促进亲子关系的良性发展。

因为我们感到内心踌躇不安，不知所措，不自觉用拒绝、呵斥、搪塞、回避的态度关上了这扇沟通的大门。若没有顺畅沟通，我们就无法正确引导孩子，也不利于建立良好的亲子关系。

父母都有一种很感性的认识：孩子小时候很黏人，对父母很依恋并且依赖，刚学会说话，每天和父母有说不完的话。等到开始读小学了，孩子逐渐和父母说话少了，转而和同伴交流得越来越多。等到了青春期，还可能会出现不和父母说话的情况。父母感觉同孩子越来越疏远，亲子关系越来越僵，平时连话都少了。父母除了有深深的失落感，还有一筹莫展的无奈，更不要说开启性话题了。

良好的亲子关系不是指一段和谐愉快的相处时光，也不是单方面指父母或孩子的情绪感受。

良好的亲子关系是指父母和孩子保持一种相互信任而不盲从，相互依恋而不依赖，相互尊重而不控制的一种关系。这种是在长期互动过程中建立起来的。

孩子因年龄阶段、认知水平、情感发育的不同，对父母的依恋、信任、尊重程度有所不同，其行为表现形式也不一样。

怎么办呢？我们首先需要了解孩子的行为表现是属于所处年龄阶段的正常反应，还是因为特殊情况导致的异常反应，然后根据不同内因，修正应对态度，开启良好亲子关系，因势利导，保证在性教育关键节点不出差错。

学龄前（6岁前）儿童一般对父母（主要抚养人）都是非常依恋且依赖的、信任的，同时，也是尊重的，或者说是崇拜父母的。

这个时期的亲子关系，依恋是核心。

在孩子幼小的心里，父母是依靠，且是无所不能的，即使父母偶尔凶巴巴地对孩子，孩子也很快会忘记了，屁颠屁颠地黏过来。这个时期，孩子在性方面的探索是自发的，最初萌发的疑惑也会向父母请教，因此父母只需要耐心、认真倾听孩子的问题，解释孩子的疑惑，就可以完全赢得孩子的信任。若遇到一些觉得私密尴尬的性问题，在回答后，父母可以和孩子约定“这是我们之间的小秘密，不要告诉别人”。这样可以避免孩子的童言童语在公共场合带来尴尬，也可以初步建立孩子的隐私概念，还可以通过这个共同小秘密，使孩子自觉地和父母更加亲密。

小学低龄阶段（10岁前），孩子开始进入学校，走入社会，对父母大多还是依恋的、信任的，但已经少了崇拜的目光。孩子对父母的尊重和父母对孩子的尊重开始趋于同步，即你越尊重孩子，孩子也越尊重你；反之亦然。

这个时期的亲子关系，尊重是核心。

在家庭性教育的方面，尊重突显出特别重要的位置。我们首先，应该尊重孩子的身体、个人隐私、私人空间；同时，也要求孩子尊重父母的身体隐私、私人空间，同时要求大家共同遵守在公共空间的隐私。

这个时期，孩子对性的探索，也因父母的态度发生很大变化，会察言观色，会试探性地去询问父母，并能很快觉察到父母的态度，不用等父母呵斥，就会马上转移话题，以免受到责骂。

曾经因为这些问题遭受过责骂的孩子，更倾向选择在父母面前回避，却不会停止对性问题的探索，因为他们心底的疑惑还没有答案。这个时候，他们会从老师、同伴以及书籍或网络中继续寻找可以解开自己疑惑的答案。这个答案可能是正确的，当然也可能是错误的。

父母大多数在这个时候，往往会忽略这个问题，或者假装不知道，觉得孩子还小、身体没发育，有意识的父母或许会买些认识身体方面的书籍放在家里，仅此而已。

其实这个阶段，孩子的理解能力、认知能力和情感发育，都有了飞跃的发展，但青春期的“叛逆”又没开始，是父母主动提及性问题的最好时机。她能理解身体性器官所有的功能，也能理解父母是如何把宝宝生出来的，包括懂得什么是恋爱、结婚等男女亲密关系。这个时期孩子和父母的关系总体是亲密的、信任的，父母可以主动提及性话题，一起谈论，帮助孩子得到有关性问题的正确答案，也可以传递我们认可的正确的性价值观，因为这个时期也是加强性道德、性隐私观念的关键时期。

孩子问到的，自己又懂的，解释孩子的疑惑；自己不懂的，和孩子一起寻找正确的答案。一起寻找答案的过程中，父母应更好地和孩子建立亲密度和信任感。

小学高年级（11岁）后，在同样的年龄，女孩发育得相对比男孩要早。小学五六年级开始，女孩陆陆续续开始进入青春启蒙期。随着孩子（特别是女孩）青春期的到来，父母开始感到前所未有的压力。

这个时期的亲子关系，信任是核心。

良好的亲子关系能为性教育提供了良好的沟通渠道，然而，绝大部分父母感受到的是压力，不知道如何沟通，同时，对女孩在人身性安全问题上普遍感到焦虑，这些焦虑传递出的亲子关系状态其实就是缺乏信任。

父母和青春期女孩直接交流有关性方面话题，大多数是在女孩第一次来月经的时候，并且一般是母亲。绝大多数母亲会帮助女孩购买卫生巾，教她如何使用并交代这段时间不要进行剧烈运动，不要吃雪糕等生冷食品等，然后似乎就到此为止了。但孩子的发育成长并没有到此为止，孩子的身体还在进一步成熟中，孩子的心智也在剧烈成长中。

这个时期，学习了解青春期孩子特有的心理特征才是父母的当务之急。我们应该理性、冷静地对待孩子的暴脾气，淡定对待孩子锁门、关门的现象，尊重孩子和同伴交流的自由。信任是相互的，当父母做到可以信任孩子的时候，孩子才对自己更有节制，也更自律。

有关青春期女孩性教育的问题，后面章节中将进行详细介绍。

留意家庭日常生活的可教时机

孩子的成长是一个漫长的过程，性教育不是靠专门的一堂课、专门的一场谈话可以完成的，前面我讲过，性教育是生命教育，是持续到成年的养育。

孩子生命的起点是父母、是家庭，而性教育的起点也是父母。不论父母是否有意识给孩子做性教育的启蒙，性启蒙仍旧从家庭开始。

留意家庭日常生活的可教时机，有意识地传递给孩子正确的性知识和我们认可的性理念，才能更有利于孩子的健康成长。

对幼童而言，洗浴时间是认识身体的好时机。3岁左右的宝宝已经完全了解自己是男孩还是女孩，也知道家庭成员的性别。除性别认知外，1～4岁是孩子好奇心最浓厚的时期，孩子的求知欲非常强烈，因此洗浴时间是一个教孩子认识身体包括性器官的好时机。在教给孩子正确的性器官称呼的同时，也要告诉孩子这些是隐私部位，不可以随便让别人看到，只有父母

（包括信任的抚养人）给宝宝清洗的时候才可以看。

帮孩子洗澡的时候，父母请记得要关上门，并告诉孩子，洗澡是私人的事情。父母通过语言和行为，帮助孩子（特别是女孩）逐步建立洗澡是属于个人隐私的观念，伴随女孩逐步长大，一直到可以单独洗澡的时候。父母在帮孩子清洗性器官的时候，也应细心教会孩子以后如何清洗，重点是需要告诉女孩对这些部位保持清洁的重要性，由于女孩有和男孩不一样的性器官，因此清洗护理常识也不一样。

一步步帮助孩子建立身体边界感，因为这一点对女孩的自我保护意识非常关键，具体内容后面的章节会讲到。

当孩子提出有关性问题的时候，是一个好时机。孩子的性意识有着自然的发展规律，6岁左右是一个小小的分水岭，孩子探究自己的身体，好奇自己从哪里来。这个时期，回答孩子的提问应掌握这样一个原则：

有问有答，不问不答；有问才答，有问必答。

父母不需要主动告诉孩子性知识，但当孩子问的时候（孩子可能是直接问问题，也可能是行为探究，需要父母留意），父母就要以诚恳的科学的态度来回应孩子的问题，以满足孩子的求知欲和好奇心。当三四岁孩子和六七岁孩子同样在问自己从哪里来的这个问题时，可能需要给出不同深度的答案，才能化解孩子的疑惑。

如果觉得难以掌握尺度的时候，我们可以尝试用“你来我往”打太极的方式和孩子聊天。当孩子提出一个有关性的问题时，我们先不着急回答，而是把问题抛给孩子，让孩子先说出自己的理解，孩子说得正确的，我们给予肯定，孩子说得不正确的，我们再根据孩子的理解，回答或者纠正，最后再和她确认是否弄明白了。只要孩子不再追问，就不用继续详细讲解，随着她年龄的增长、探知欲的增强，父母再逐步深入回答。

举个例子，5岁的小明跑过来问妈妈：“小姨肚子里的宝宝是从哪里来的？”

妈妈先不回答，打个太极，把问题抛回去：“你觉得是从哪里来的？”

小明说：“小强说是巴啦啦小魔仙用棍子一点，小姨肚子就有了宝宝。”

妈妈问：“那你是怎么认为的？”

小明说：“小强说得不对，宝宝是小姨肚子里长出来的。”

妈妈说：“我们小明说得有道理。你怎么知道宝宝是从小姨肚子里长出来的？”妈妈继续打太极，把问题抛给小明。

小明说：“上次去绘本馆看到的。”

妈妈说：“小明爱学习，下次妈妈和你一起看看这本书，把问题弄清楚，好吗？”然后，小明高兴地跑开继续玩去了。

正面回答问题前，把问题抛回去的目的是要先弄清楚孩子的疑问从哪里来，孩子对这个问题的答案有怎样的理解之后，再逐步深入答疑。因为孩子对性的好奇是随着身体发育逐步发展起来的，所以父母对性问题的解答需要符合孩子的年龄和认知水平。

利用好亲子时光，一起探寻身体的秘密。孩子探索生命的好奇心和求知欲随着年龄的增长而增长。亲子阅读是一段可以利用的好时机，但父母应该留意的是，需要根据年龄阶段、认知水平来选择相匹配的性教育读本或者动画、视频。

性知识的传递比较特殊，若父母想通过读本或者视频等来教孩子认识身体的性发育知识，则需要选择科学的读本或视频，既不过分提前唤醒孩子对性的强烈兴趣，又能给孩子足够的信任。父母应先看看读本或视频，甄别良莠后，再给孩子看或者和孩子一起看。对孩子看完读本或视频后提出的新问题，父母仍然可以先把问题抛回去，使用“你来我往”打太极的方式来解答孩子的疑问。

主动“尬聊”，创造可聊的好时机。幼年时孩子提出性问题，父母用一句不耐烦的话搪塞过去，没有好好回答孩子。等孩子已经上小学后，再也不主动向父母提了，这个时候我们是否在心底暗暗懊恼，却又无计可施？

孩子读小学后，认知和理解能力都大幅提升，并且受同伴和老师的影响越来越大。这个时候，即使尴尬、难为情，家长也要主动提起性话题，创造可聊的时机。

当父母决定主动提起性话题的时候，需要事前做好准备工作。找到孩子感兴趣的点，比如，孩子所喜欢的明星的装扮或者绯闻，做好准备工作，先要引起孩子的兴趣，才能慢慢引出话匣子。这个时候，“你来我往”打太极的聊天方式同样适用。既然是主动提起的话题，那么顺应孩子的话、尊重孩子的兴趣就是关键，不然就会造成还没开始已经结束的局面。

日常生活中，只要父母多留心，有性教育的意识，就可以抓住许多可教时机。有时候可能就是一句话的事儿，你就已经播下一颗种子，已经传递了一种性价值观念。有意识传递健康的性理念，可以做到“四两拨千斤”。

女儿的性教育，父亲不应缺席

现实中的大多数家庭中，母亲承担了教育子女的责任，而能承担得起教育子女重任的父亲少之又少。

在家庭中担负起和女孩谈性的人，就更不用说，基本上都是母亲。有的家庭，父亲也会参与孩子的性教育，不过父亲是负责男孩的性教育，女孩仍是由母亲负责。

母亲和女孩沟通性问题，从父母的角度来看，或许一定程度上可以避免尴尬，但这并不是说父亲就可以把女孩性教育的“锅”全部甩给母亲。父亲、母亲一起参与女孩的性教育才更有利于女孩的健康成长。

父亲是女孩认识性别角色的第一任老师，女孩对男性角色的第一印象来自父亲，同时，父亲也是女孩认识男性身体性特征的第一个生活模型。

随着女孩的成长，在培养身体自主权、性平等、勇气三个关键性意识方面，父亲具有不可替代的作用。

在对女孩进行预防性暴力的教育方面，父亲比母亲具有权威性。

那么父亲在参与女孩性教育时，又有哪些方面需要注意呢？

前面讲过，洗浴时间是年幼的孩子认识身体的好时机，除了认识自己的身体外，还包括认识异性的身体。每个家庭对洗浴和彼此身体暴露程度都有不同的认识，而对身体包括性器官的认识，可以通过不同的方式教授给孩子，没有对错之分。

0～3岁，父亲可以选择给女孩洗浴或者和女儿一起洗浴，只是需要注意男女性别不同的天然属性。当孩子长到三四岁后，就需要开始对孩子的身体自主权意识和身体边界感（有关身体边界感的问题我们后面章节会详细讲到）进行启蒙，父亲给女孩洗澡的时候，需要传递给女孩身体裸露的时候要注意不让其他人看见，身体的隐私部位一定要重点保护，父亲也要逐步退出帮助女孩洗澡的空间。

如果父亲有和女孩一起洗浴的习惯，作为异性角色，当父亲感到身体在女孩面前裸露有点尴尬或者不好意思的时候，就要和女孩分开洗澡了。这个时候要有意识地让位给母亲，让母亲单独给女孩洗澡，然后再逐步过渡到女孩自己独立洗澡阶段。

过渡到女孩独立洗澡阶段的过程中，应建立起保护和尊重女孩身体隐私部位的观念，父亲以身作则和孩子建立异性的身体边界是非常重要的。

关于身体裸露的问题，家庭氛围不同、尺度不同，大多数家庭在夏天的时候，父亲会在家裸露上身。不论家庭氛围如何，都需要给女孩划定身体可以裸露的范围，如卫生间、自己的房间属于私密的空间，若无其他人，是可以裸露身体的。当女孩对父亲裸露身体提出质疑时，父亲应该以身作则，或者全家开个家庭会议讨论一下对身体裸露的看法，包括身体裸露的程度和可以身体裸露的场所。达成一致后，大家都要遵守，全家人动员，帮助女孩建立身体裸露的边界感。

女孩开始探寻自己从哪里来的时候，父亲应从另外一个角度来为孩子解答生命的疑惑。这样，可以让孩子更丰富、更完整地理解性之初。从一开始就让女孩知道在家里可以谈论性，在遇到性问题的时候可以向父亲求助，能增加安全感，对其勇气的培养也很重要。

当女孩感到自己受到身体的冒犯，内心确信父亲会给自己支持和保护，这时心底的勇气就会跟随被冒犯的愤怒迸发出来，可以保护自己不受伤害。

在培养女孩的身体自主权意识的过程中，父亲任何时候参与进来，都是对女孩强大的支持；而对于性平等意识的培养，父亲的示范作用则更加明显。

对于女孩的性教育来说，母亲、父亲起到的作用同样重要。假如正在看书的您是一位母亲，建议您把这本书给孩子的父亲看一看，邀请他也参与进来。女孩的性教育，父亲不应该缺席。

尊重差异，用女孩能懂的方式一起寻找性疑惑的答案

父母在对待女孩性教育的态度上，有一个核心关键词：尊重。我们需要从尊重孩子、尊重环境、尊重自己三个维度来对待女孩的性教育。

孩子的成长有着自然的规律，首先要尊重自然成长规律，不需要超前，但也不能滞后。

年龄是区分孩子性成长的一个主要标志，身体性发育在儿童阶段（10岁，青春期启蒙之前）有看得见的部分，也有看不见的部分。儿童对性探索因年龄不同、心理发育特征不同，也有着不同的行为方式和自然的规律，因此我们需要用尊重客观事实的态度来面对。与此同时，特别要注意的是，儿童对性的探索行为和成年人对性的理解有着巨大差异。比如，儿童有当众摩擦性器官以及玩某些性游戏的行为时，父母看见后第一反应常常是阻止，因为父母把儿童抚摸性器官当成了成年人心中的性自慰行为。其实，儿童抚摸性器官并不是成人世界所理解

的性行为，比如，孩子经常会说要和妈妈结婚，或者要嫁给谁做老婆，甚至孩子之间也会有一些亲昵行为。这些行为需要用儿童心理视角去解读，而不是用成年人的认知去评判。只有理解、尊重孩子的性行为特征，才有助于父母找到合适的方式进行引导。

尊重孩子个体差异，是我们对孩子开展性教育需要注意的另一个重要因素。孩子的发育都有共性的特征，也有个体的差异特征。身体状况、心理状态、家庭养育环境等造就了每个孩子的独特个性，这就需要家长多点耐心和细心分辨孩子的问题和行为，弄清楚孩子的疑惑是什么。朋友曾经讲了个笑话，她女儿圆圆四岁半，从幼儿园回来就问："妈妈，我是从来哪里来的？"朋友很注重孩子的教育，以为孩子开始对宝宝的出生感兴趣，决定要抓住"教育时机"，耐心讲述性知识，女儿却不耐烦地说："妈妈，小明说他们家是从内蒙古搬到深圳的，我想知道我们是从哪里来的？"这个时候，妈妈一脸尴尬，才明白孩子是问他们是从哪里搬到深圳来的。

尊重不同社会、家庭在性领域认知的差异，以保护女孩为前提，接纳并包容孩子。简单来分，西方国家和东方国家、信仰宗教的和不信仰宗教的社会，对性的认知和理解有很大区别，有的对性讳莫如深，有的却可以直接用生殖器做图腾。不同社会文化对性的理解和接受程度也不一样，即使小到每个家庭，区别也很大，而且在女孩性教育的问题上也各不相同。

女孩生活在社会中，有时还在不同文化背景中进行身份切换，父母对不同文化性认知的包容和接受底线，要掌握在保护女孩不受伤害的前提之下。除此之外的其他情形，父母做到包容和尊重是最重要的基线。

在对待女孩性教育的过程中，尊重自己也非常重要。

尊重自己的第一认识，就是允许自己犯错。谁没犯过错？父母不是性问题专家，也不需要成为专家，对孩子有关性问题有解答的义务，但请允许自己犯错。犯错是学习的好机会，在和孩子沟通性这个话题时，我们应该把错误当作学习的好机会。曾经因为尴尬和搪塞而回避了孩子的问题，那么就先诚恳地向孩子道歉。让孩子知道父母有改正错误的勇气和行动，难道不又是一次好的学习机会？

尊重自己的第二认识，就是允许自己也不知道答案。常常听到父母感慨，现在的孩子比我们那时聪明多了。孩子一代比一代思维活跃，这是时代的进步。父母肩负着养育的责任，因为年长的优势比孩子在性认识上懂得多一些，但孩子的疑问，我们就一定知道答案吗？这个问题一定会有答案吗？不一定。回答不上来一点也不用羞愧，我们可以试着和孩子讨论，和孩子一起寻找答案，学习性发育规律的知识。

对不知道答案的问题，坦然承认自己不懂，比用敷衍、掩盖、推脱的态度要好得多。当你坦诚地告诉孩子你也不懂的时候，其实也在传递给孩子一种价值观——人没有完美的，父母也不是万能的。接受我们的不完美，坦然地和孩子讨论可以通过哪些途径来寻找答案，然后和孩子一起积极地寻找答案才是正确的做法，而不是把问题敷衍过去。

尊重自己的第三个认识，是以身作则。性知识可以通过口头、书本、视频等各种方式学习，但有关性的理念，如性别平等意识。父母在生活中彼此对待对方的方式和行为，胜过在孩子面前重复说教。在语言和行为方面，孩子对父母的行为更加敏感，父母如果说一套做一套，小一点的孩子可能会无所适从，大一点的孩子会发自内心小瞧父母，但也会直接模仿父母的做法。

尊重自己的第四个认识，是传递性本身包含的快乐幸福。当今社会中，传递负面的性信息太容易了，性暴力事件也给家长带来很多焦虑，以致我们不敢言谈性美好的一面。女孩在父母的过度保护下，对性的理解中恐惧多过美好，厌恶多过期待。事实上，爱情、性、生育紧密相连，我们接受性美好的一面，给孩子传递性积极的信息，希望他们成年后拥有幸福的家庭生活。这些都是孩子成年后获得快乐幸福生活的必不可少的元素。

如何与青春期的女儿“尬聊”性话题

和青春期的女儿聊有关性的话题，父母可能想想都觉得难为情。一边无法开口，一边一有风吹草动马上紧张，不仅早出晚归要接送，而且更不放心让她单独搭乘网约车，看见有和男生交往的迹象，父母一副心急如焚的架势，看着如花似玉的女儿，往往感叹还是养个儿子放心，养个女儿是越大越担心。

青春期是父母担心的一个绕不过的话题，而性的成长在这个阶段尤为突出。有关青春期女孩性教育的关键节点在后面的章节会详细讲述，这里我们先从青春期身体、心理特征的角度，来说说怎么和她们沟通“性”这个话题。

青春期是一个长达10年左右的生长发育期，可以分为青春期启蒙期（10～13岁）、青春期发育期（12～16岁）、青春期成熟期（15～20岁）。

父母对孩子进入青春期的第一个最直观感受是孩子开始窜个头了，然后感觉孩子不再像以前那样黏人，叫他一起外出的时候也开始拒绝，多数时候选择和同伴外出，或者宁可宅在家里。紧随着身高发育而来的是性发育，月经是女孩进入性发育的标志，同时，伴随着情绪的剧烈波动。青春期的孩子身体发育最晚的部分是掌管理性思维的大脑额叶皮层。现代脑科学显示，人在18～22岁大脑皮层才发育完全。常常有前辈给青春期孩子的父母宽心说："不用太忧心焦虑，孩子的脾气上大学自然就好了。"这也正是契合了人的发育规律，因为上大学的年龄正是她大脑发育完全的时候，此时孩子具备了生理上的条件来控制自己的情绪。

根据有关心理学研究，青春期是人由幼稚向成熟过渡的特殊时期，是独立性和依赖性错综复杂、充满矛盾的阶段。他们的自我意识出现第二次发育，反抗心理强烈，情绪表现也处在半幼稚半成熟的状态。他们的心理特点具有这个时期特殊的身心失衡的矛盾，主要有成熟感和半成熟状态之间的矛盾，心理断乳（独立性）和精神信赖（依赖性）之间的矛盾，心理闭锁性和开放性之间的矛盾，性意识增强（冲动性）和道德要求（自制性）之间的矛盾，成就感和挫败感交替的矛盾。

这么多矛盾！作为父母，想想青春期的孩子们还真是不容易。所以说，家长想和他们沟通性话题或者其他问题，应先接纳他们的状态，他们情绪高高低低是正常反应，而女孩的情绪又更细腻、敏感一些，当和父母发生矛盾的时候，女孩也会感到伤心、委屈，摔门而去也是因为青春期能量无处释放，她们

并没有大逆不道。

只有做到“任他狂风暴雨，我自闲庭漫步”，家长才有机会寻找孩子愿意接受家长意见的契机，不然就会变成“你说往东，他偏向西”的状态了。

假如和孩子已经到了你说什么她都听不进去、双方相背而驰的状态，最好的做法就是家长闭嘴。家长的说教已经成了孩子行进的反推力。这个时候，只有家长把起反作用的方式停下来，孩子才会慢下来，停下来。

先有接纳，然后才有引导，不然就是“引倒”了。

另外一个沟通的原则是让女孩感受到爱和尊重。不容置疑，父母当然爱女儿，许多父母也确确实实认为自己是尊重女儿的。这里强调一下，我想父母们再重新读一下前面这句话，让女儿感受到爱和尊重，重点是“感受到”。

感受到的是我们的情绪，不是道理。网上有句很流行的话：“为何懂得那么多道理，仍过不好这一生？”反映的就是情绪和道理的关系处理问题。

我们需要和青春期孩子沟通。需要注意的是，当时孩子的情绪感受。当一个人感受到被爱的时候，他的心情是愉悦的、幸福的；当一个人感受到被尊重的时候，他的心情是平和的、充满信心的。家长们可以试着想象一下，正在和你说话的孩子心情状态是愉悦、幸福、平和、充满信心的，你和他的沟通还会有障碍吗？

现实中，大多数父母把满满关切担忧之情化成说教，而说教在青春期孩子眼中就是批评和不信任。感受到批评和不信任的孩子情绪自然是生气、烦闷，表现形式有不出声沉默抵触的，有大吼一声的，也有摔门而去的，等等。只留下父母一脸愕然，无语叹气，因为面对个子和父母一样高或者比父母还高的孩子，武力控制已经不起作用了。

性话题是一个敏感话题，如何让女孩感受到爱和尊重呢？方法有许多，在直接语言沟通时，尝试用非暴力沟通的方式是一个不错的选择。

非暴力沟通（Nonviolent Communication，NVC），也被称作“爱的语言”，是美国心理学家马歇尔·卢森堡发现并倡导的一种沟通方式，它借用了圣雄甘地所指暴力消退后自然的爱即“非暴力”的方式进行沟通。这种沟通方式，不再粗暴地对待他人以及自己的感受、愿望，重塑我们对冲突的积极思维方式，打开爱和理解，增进人与人之间的联结，使得人们乐于互助。“非暴力沟通”需要练习。

当我们还没习得这项技能时，可以尝试使用书信的方式，假如孩子微信还没拉黑你，可以尝试用文字的方式即时沟通。

“我其实还是蛮愿意父母和我说说关于性方面的问题，但当面说实在太尴尬了，用文字就好点，用微信文字即时沟通就不会觉得太尴尬。”这是一个15岁女孩分享给我的，也得到了一群女孩的同声附和，这里分享给父母们。

不论父母是否已经教给孩子性生理卫生知识，当孩子青春期的时候，他已经懂得了许多性知识。这些性知识的来源有老师、同伴、课堂，或许还有玛丽苏小说、色情文学、小电影……

当父母醒悟鼓起勇气和孩子沟通性话题时，可能会被一句“我早知道了”给打发回去。那么，还需要父母做什么？需要重视女孩的性底线教育、性安全教育。

这个时候，父母或许已经感到对孩子的想法无能为力，也无法完全掌控自己的孩子行踪，风险似乎无处不在。即便如此，父母仍需要让女孩懂得，任何不采取安全措施的性行为都是危险的，可能产生怀孕、性病等严重后果，教会她多种避孕和避免性病的方式，让她起码懂得，这是保护自己的底线。

女孩逐渐长大，性心理的成长很重要的一部分来自性体验，这是包括父母在内的任何人无法代替的。需要父母做的是，适时退出女孩的生活空间。

第四章

女孩青春期前应注意的性教育关键节点

章|节|寄|语：

性教育分阶段，在每个阶段都有关键的要点，父母若在孩子青春期前掌握了性教育的关键节点，等到孩子青春期到来时，就可以轻松应对了。

让孩子自由探索身体的秘密为何这么重要

从儿童心理学发展理论来看，孩子每个年龄阶段都有其相对恒定的发展任务，包括身体发育、认知理解能力、情感发育。性发育健康成长包括上述三个方面的协调发展，这些都需要成年人的呵护和教养。在青春期前，父母教养的作用更突出一些，换句话说，错误对待儿童性发育的教养方式所带来的影响会更大，并持续影响孩子后面年龄阶段的发育成长。

青春期前，有两个比较明显的阶段：一个是0～6岁的幼年时期；一个是7～10岁的性发育潜伏期。

这两个阶段都有其不同的性发育重点任务，女孩对性的探索有着和男孩不一样的方式，需要父母以不同的方式、态度来呵护、教养。

从生理上，父母们都了解女孩的性器官、性腺体发育和男孩有着显著的区别，照顾女孩，对其性器官进行日常护理、清洁都有细微的差别，但这些不是我们要讲的重点。

0～6岁，父母（包括家庭成员）在抚养孩子成长过程中，常会教她认识手、脚、鼻子、眼睛、嘴巴等身体器官名称，比如，一边说“鼻子”，一边还会让她用小手指指自己的鼻子，触碰一下，其他身体器官也是如此，孩子和父母都乐在其中。

在对身体进行认知的时候，父母和孩子的情感交流通常是非常愉悦的，这能够很好地刺激孩子的情感发育，孩子也一步步加深了对自己的认识，包括带着愉悦情感接纳自己的身体。

这些启蒙，父母几乎不用特别学习，唯独在对孩子身体非常重要的部分——性器官进行认知启蒙时，不会主动教孩子认识，更不会尝试主动让孩子去触碰，甚至孩子自发主动探索时还会阻止。

父母对待女孩吸吮手指、触摸性器官等行为会比对待男孩更严格。日常生活中，父母见到男宝宝用手拉扯自己的“小鸡鸡”（阴茎），大部分会笑笑，或把他的手拿开或不去理会。当这种“自发触碰、抚摸性器官的行为”发生在女宝宝身上的时候，父母大多会马上制止。

其实这个时期，孩子对自己性器官的触碰、抚摸并没有成年人世界里关于性的理解，而是一种人的天性。这种天性使孩子体会感受到触碰、抚摸身体部位的愉悦。在成长的过程中，从吸吮手指、脚趾到触碰、抚摸、摩擦性器官，感受快乐，是接纳身体、接纳自己的起点。他们并不会因为这点愉悦而迷恋上性器官，丰富多彩的世界对他们有着强烈的吸引力，天生的好奇心也会带着他们去探索其他使自己开心愉悦的事情。

反倒是父母（包括家人）的阻止行为，限制了孩子的自然发展，反向刺激了他们，越不让摸越要去摸，越不让看越想去看。

孩子性心理的发育过程中存在一种潘多拉效应。

潘多拉效应来自古希腊的一个神话，在这个神话中，宙斯给一个名叫潘多拉的女孩一个盒子，告诉她绝对不能打开。潘多拉每天看着盒子，越想越好奇，越好奇越想揭开真相。憋了一段时间后，她终于没忍住把盒子打开了，谁知盒子里装的是人类的全部罪恶，结果它们全都跑到人间了。心理学把这种“不禁不为、愈禁愈为”的现象称为“潘多拉效应”或“禁果效应”。

这个时期对孩子在身体性方面自发探索行为的禁止会适得其反，更容易撩起孩子的好奇心，受好奇心和逆反心理的驱使，把正常探索演变成不断强迫性的摸索，最后会导致孩子即使明知道不对，但仍旧无法停止的局面。这就是在性发育过程中的“潘多拉效应”。

0～6岁的女孩对身体性器官的探索除常见的吸吮手指脚趾、抚摸性器官外，还有夹腿、摩擦性器官等，还会特意蹲下来看拉尿、拉屎，并且会有一段对屎尿特别感兴趣的阶段（通常为3～6岁）。

如果这些行为是自发的，父母都不需要制止，有时完全可以假装没看见。因为大多数这类自发的性探索行为，经过一段时间，孩子都会自觉停下来。

针对3岁以上的宝宝，父母需要帮助她们做好卫生，并需要教育她们分清场合，就如同我们会教孩子区分，去卫生间洗澡上厕所，到房间睡觉，在客厅玩耍一样。告诉孩子触碰性器官是自己的私事，要到相对私密的空间，并要像吃饭前需要洗手一样，触摸自己的性器官前应该洗手，保持卫生。正所谓“食色性也”，吃饭、性发育都是人之本性。

如果发现3岁以上宝宝的这些行为不是自发的，有刻意频繁模仿的情形，可能造成性器官受损，父母就需要视情况介入处理，但介入处理不是粗暴制止。首先，需要父母细心了解孩子是通过哪种方式习得模仿的，改变孩子可以习得模仿的环境是重点。其次，根据孩子的认知能力，让孩子理解性器官是我们身体很娇贵的一部分，要像爱护眼睛一样爱护它们，接纳孩子的行为，舒缓孩子的情绪，才可以使宝宝的这些行为逐步停下来。

这个时期，男孩和女孩除了有关性生理卫生方面的区别之外，其他方面并不需要特意区别对待。

人类的性本能遵从快乐原则，就像是有着强大生命动力的河流，河水会自然流淌。如果说0～6岁幼年期是河水的源头，那么对于源头，我们只需要保护好它原始生态的样子，尽量不去人为干预，顺应天性发展就好。

父母不可忽视的性发育潜伏期

7～10岁这一时期又被称为性发育“潜伏期”。这来源于弗洛伊德的性的理论，其把7岁至青春期前的阶段称为“潜伏期”。他在《性学三论爱情心理学》里写道：“精神力量的发展开始抑制儿童的性生活，就像一道河堤，引导它走向狭窄的河床，这些精神力量包括了厌恶感、羞耻感以及道德和审美上的理想化要求”。

“潜伏期”时的性发育就好像是河流的上游，为了水源的流淌、生命的延续，我们需要在上游开始筑好河堤，不让河水四处泛滥、过早消耗泯没，而性心理、性道德、性审美、性边界这些“精神力量”就是河堤！

这个阶段是“精神力量”成长的一个关键阶段。如果说0～6岁遵从的是快乐原则，需要家长全力呵护幼童本性的发育和成长，那么“潜伏期”就需要全力培养儿童的“精神力量”的发育和成长，需要遵从教化原则，需要引导和教育，包括对“厌恶感、羞耻感以及道德和审美上的理想化要求”的培养。

通俗点讲，这个时期是孩子对性的认识逐步“社会化”的过程，认知能力、情感发育不断发展，这是他们认识和理解性生理知识、性别、两性等性知识的好时机，也是有关性道德、性审美等性心理发育的关键期。

处于“潜伏期”的孩子，在生理上需要了解基本的性生理卫生知识，包括性器官是否发育正常、男女性器官构造的区别、性护理知识等；在两性关系上，需要了解生育是怎么一回事，懂得家庭成员关系相处的边界；在性道德层面，需要懂得尊重他人身体隐私，懂得在公共场合不暴露隐私部位，不随便谈论性话题，能够初步控制自己的性冲动，触碰、抚摸自己身体隐私懂得回避他人；在性审美层面，接纳自己的性感觉，开始懂得身体健康之美；在性防卫方面，有保护自己身体隐私的意识，懂得寻求帮助的方法。

现实生活中，许多父母会有意无意地忽略孩子“潜伏期”的性发育，打压孩子对性的好奇心，这就好比父母把夯实“性之河堤”的责任卸下，让学校、老师、同伴、书籍、网络等社会环境充当“筑建工程师”。至于“性之河堤”工程质量如何，父母对照上述“潜伏期”孩子性发育的任务，就应该知道心中有数。

根据有关数据统计，遭受性侵女孩的年龄以7～14周岁为大多数，所以，女孩性教育在这个阶段需要父母特别留心，应注意培养女孩的身体自主权意识。身体边界感和自我保护意识的培养方法在后面章节会详细讲到。

性发育“潜伏期”是父母把对孩子所缺失的性教育课补上的好时机，“潜伏期”孩子和0～6岁孩子对性的探索行为即使是同样的行为，父母也需要采取的应对方式也是不一样的。

在家庭生活中，父母如果发现孩子对自己身体性的探索行为格外异常，不应该直接阻止，而是需要了解孩子这么做的原因，然后对症下药。如频繁抚摸性器官，不一定是探索性愉悦感，有可能是孩子缓解焦虑、恐惧等不良情绪的方式，这就需要父母了解孩子在什么状态下情绪会不好，是恐惧与同伴相处还是害怕父母吵架？

又如孩子多次偷看异性身体，这个时候孩子往往无法清楚表述，因此就需要父母观察留意，找到真正的原因。孩子的感官是否被外界充满诱惑的性信息刺激到，激发了他（她）格外的性好奇心？还是其他家庭情况刺激到了孩子？父母需要找出真正的原因，对症下药，才能有效缓解和纠正孩子对异性的过度探索行为。

在公共场合，父母如果遇到孩子不合时宜的和性相关的行为，切忌通过羞辱、贬低的方式让孩子停止，即使情况尴尬紧急，父母也仅需要强行制止孩子的行为，事后再想办法教育，而不是羞辱、贬低孩子。成年人对性的羞耻感常常使我们面对这类失控情形时情绪激动，“流氓”“下流”等类似的语言对孩子心理上的负面影响可能比打骂更大。

对孩子而言，贬低和羞辱造成的伤害可能是终生的，因为人的性发育不会停止，性冲动也不会停下来，当孩子再次面对自身的性冲动时，伴随着羞愧、耻辱、自我否定、自责的心理，这些心理自然会影响到他成年后的生活。

处理孩子和性相关的异常行为，需要父母格外细心慎重，用简单粗暴的方式制止孩子行为的做法，表面上可以让孩子不再有这些行为。这种行为看似是被纠正了，实际上却把性心理方面的隐患或者性障碍的种子埋下了。

不管基于什么原因，孩子的性心理延迟发育，性意识被提前唤醒，都需要父母特别关注，及时纠正，不然会严重影响到孩子正常健康成长！（这个部分后面章节会详细讲到）

若孩子“潜伏期”性发育任务完成良好，到了青春期（12岁至成年），河水丰盈（性生理成熟），河堤（性心理、性道德、性审美、性边界）进一步夯实，并接受主流社会积极的性价值观，遵守性道德底线，尊重个体性边界，保留个人性审美不同，那么孩子走向幸福人生的道路上又多了一块牢固的基石。

父母对女孩性别认知教育有哪些影响

日常生活中，当我们得知亲朋好友生了孩子的消息，下意识的第一句话往往是："恭喜恭喜，是男孩还是女孩？"

这一句我们关注性别的话，就是性教育的开端。

当男孩和女孩是一个受精卵的时候，性别就由基因决定了，这是他（她）的生物性别，是先天的。

对待男孩和女孩的动作、语言、神情都会在我们得知他（她）是男孩或者女孩的那一刻而不同，我们会把自己对男孩、女孩的认识和期待，下意识地加载到对待他们的方式中。这种潜移默化的行为使孩子逐渐开始内化自己的性别认知，开始辨别自己是男孩还是女孩，一般到3岁后逐步形成稳定的心理上确认的男女性别。这个是心理性别，孩子自己内心确信的性别。

在养育过程中，不只父母把自己对性别角色的认识和期待带给孩子，社会上对男性和女性的社会性别角色的不同认识也影响着孩子，父母、家庭、社会都会因为孩子性别的不同，对

他（她）有行为、品质、性格等许多方面的不同要求，这些应对方式也逐渐加深孩子的社会性别角色认同。这就是社会性别。

当一个人对自己的生物性别、心理性别、社会性别认知出现强烈冲突的时候，反应在个人身上就是心理问题或障碍。

也就是说，除了极少数出现“上帝把我的性别搞错了”的情况外，大多数个人在性别认知冲突方面的心理问题或障碍，其实由父母在抚养过程中留下的痕迹因素导致的。

根据网络匿名投票调查，女性对自己性别的满意度远远低于男性，这也直接影响到女性的幸福指数。形成女性对自己的性别接纳程度低的原因很多，有传统文化中重男轻女的思想，现实社会中对女性的歧视，家庭氛围中对女性刻板的影响，父母对待女孩的方式，等等。

我们或许还没有能力去改变家庭以外的原因，但在抚养女孩的过程中，改变对性别认知的偏见，从内心深处去接纳女孩的性别，帮助她们接纳并爱上自己的性别，是父母能够做到的。

比如，在重男轻女思想严重的家庭中，父母即使爱孩子，在生活中也会表现出种种“如果是个男孩就好了”的态度，对孩子是女性的事无法释怀，故在抚养的过程中对孩子总是表现出性别失望、贬低的态度。父母这种失望情绪，会不断给孩子带来一种无形的自我否定，造成偏见性的性别认知。

孩子是敏感的，当父母不接纳自己的性别时，为了获得父母的爱，她们对自己是女孩这个事实也会表现出厌恶或者遗憾。不喜欢自己的性别，情况严重的会出现性别认同错位，会渴望自己是个男孩，这种错位时刻影响着孩子的生活，有的孩子可能情绪激动夸张，个别孩子可能会有比较极端的异装癖、性别认同障碍等心理疾病。这些都会严重影响到孩子以后的人生。

另外一种情况父母更应当禁止，就是直接长期性别错位地抚养孩子，把男孩当作女孩、女孩当作男孩养。0～3岁是孩子学习认识性别认同的关键时期，如果父母对孩子性别错位抚养，会造成孩子内心深处的困惑。父母长期的错位神情回应，相当于在给孩子不断地做身体动作、神情的异性训练，即使孩子长大知道自己的真实生物性别，潜意识里仍然不会认同自己的性别。在行为、动作、神情上的表现，与正常同龄同性别的孩子会有较大偏差（除了上帝搞错了的小部分人）。在孩子需要和外界同龄人交流接触的时候，会越来越受到歧视和排斥，进一步加大孩子的心理困扰。

性别认同障碍在《精神障碍诊断与统计手册》（DSM-5）中的正式名称是性别烦躁，主要包括儿童性别烦躁、青少年和成人性别烦躁等。主要表现在第一个心理体验的性别与自己实际的生理性别不一致，也就是说，自己生物性别是男或者女，但内心体验是相反的，并强烈想成为与自己生物性别不同的异性，内心特别讨厌自己的生物性别，以至于在生活中的穿衣打扮方面或做游戏时对向往的性别有强烈偏好。这种情况下，孩子会产生比较强烈的负面情绪，从而影响正常的生活，是需要介入治疗的。经过专业评估后，部分人会选择在成年后做变性手术，但未成年人的性发育还处在变化中，一般是不建议手术治疗的。对是否需要做手术，应该等成年后经过专业评估再决定，因为手术治疗的结果是不可逆的。

儿童性别烦躁、青少年性别烦躁的情形，有部分成因是因为父母（主要抚养人）不接受孩子的生物性别，在孩子心理性别形成的关键时期，以错误的方式去养育或者是对孩子的性别持续表达厌恶造成的。若孩子在成长的过程中没有体会到爱和接纳，则给逐渐形成这方面的精神问题或障碍。

而有些确实是生物原因起主要作用，这部分人通常在成年后经过专业治疗，并乐于适应新的性别。对这部分人，我们只能再次用这句“对不起，是上帝把他们弄错了”来解释。根据有关研究，“大约有十万分之一的男人和十三万分之一的女人是异性癖者，科学研究认为，异性癖者是胎儿期在受孕、荷尔蒙分泌以及可能存在的不确定外界环境的影响下导致的。”简而言之，就是天生的、自然的、生物性的因素起主要作用，而不是后天教养或者环境因素所致，和父母的养育责任无关。我们和孩子，坦然接纳就好。

既然我们不能改变上帝的决定，就应该尽量避免人为抚养方式的错位带给孩子成长的困扰。父母生育孩子的时候，对性别有猜想和期待是一件很正常的事情，但当孩子实际性别和自己期待不一致时，父母就需要放下失望，做到全然接纳才是养育的关键。

这个过程不需要任何知识和技巧，唯一需要父母做到的就是放下失落和失望，全然接受女孩本来的样子。父母接纳孩子的性别，孩子对自己生理性别和心理性别做到认同一致，也就水到渠成，顺理成章。

生活中总有少部分女孩的性格、行为表现得比较“男性化”，被称为“假小子”。这不是心理性别认同问题，属于社会性别的认同问题。

当我们在生活中这样评价一个人的时候，就包含了对男性、女性社会化角色的不同理解和认知，成为对性别的一个固化的刻板印象。

很多时候，我们对男孩、女孩有不同的社会性别角色的期待，这些角色期待印象和男女性格大致接近，如希望男孩子的性格就应该阳刚、坚强、有担当，希望女孩温柔、体贴、贤惠。

当孩子的性格表现和社会以及父母期待的性格角色一致时，父母觉得挺好。假如孩子天生性别、行为表现和社会以及父母期待的性别角色不一致的时候呢？

特别是女孩表现得像个假小子，不符合父母的期待，甚至不符合社会期待的时候，父母是不满，努力强行纠正，还是接纳、引导她们？这个时候，父母的态度对孩子的人格培养影响就很关键了。

随着脑科学的发展，我们了解到，男性大脑和女性大脑确实是天生不一样的。我们常说男性分析和逻辑思维较强，女性感性和形象思维较好，外在表现就是我们通常认识的男人性格和女人性格，这是一般规律。与此同时，也有研究数据表明，每五个“男性大脑”中就有一个男性拥有“女性大脑”，也就是说每五个男性中有一个男性是感性和形象思维较好的；每七个“女性大脑”中就有一个女性拥有“男性大脑”，也就是说每七个女性中就有一个是分析和逻辑思维能力较强的。

这说明上天在造物的时候，也会给女孩意外天赋，如七个女孩中的某个女孩就是分析和逻辑思维较强，外在表现是所谓的“假小子”性格，这是上天的恩宠，家长顺应引导和培养，就是最好的方式。

社会性别赋予男孩、女孩不同的期待，男孩拥有阳刚气质，也可以拥有温柔的气质；女孩体现出柔弱气质，也可以是坚强、有担当的。把重心放在共性美好品质上，承认社会性别角色多样丰富，父母顺势而为，才是给孩子健康全面的性别教育。

父母如何面对离乳分床期的困惑

有的父母觉得应该早点培养孩子的独立意识，选择在几个月就隔离母乳或者直接喂奶粉；也有的父母坚持母乳喂养至两三岁，个别甚至喂到五六岁，认为母乳喂养有利于亲子关系、孩子安全感的培养。对于母乳喂养的时间问题，也是众说纷纭。

在医学上，母乳喂养有利于幼儿的身体发育这一观点已达成共识，其他关于母乳喂养的问题并没有定论，至少目前没有数据研究表明，母乳喂养时间的长短对孩子独立意识、安全感以及亲子关系有多少确定的影响。

大家都是凭着自己的认识，跟着感觉走而已，但终归会达成一个共识，孩子总有一天是需要断母乳的，并且是需要成年人决定和主动做出的行为。

分床（孩子独立分床睡觉）的做法更是各不相同，有一开始就独立睡小床的，有和父母一起睡，有独立睡一段时间又一起睡的，分床的时间更是跨度非常大。那分床时间对孩子的影响是什么？有多大？还是众说纷纭。

父母们也终归会达成一个共识，孩子总有一天是需要分床睡觉的，并且也是需要成年人决定和主动做出的行为。

既然离乳和分床是孩子成长中必须经历的一件事情，并且是需要成年人决定和主动做出的一件事，那什么时间做这件事情最合适？父母可以根据各自家庭情况、孩子个体差异，只要做到没有影响孩子的正常成长，什么时间都无可厚非。

一位作家在书中曾写道："我慢慢地、慢慢地了解到，所谓父女母子一场，只不过意味着，你和他的缘分就是今生今世不断地在目送他的背影渐行渐远。你站在小路的这一端，看着他逐渐消失在小路转弯的地方，而且，他用背影默默告诉你：不必追。"

这段话说出了一场亲子之爱的本意，是以分离、孩子独立生活为终极目标。离乳和分床则是我们为终极目标养育孩子而努力的第一步。

婴儿从出生到1岁多，长牙、吃辅食、学会咀嚼，再到完全独立，通过吃各种食物来满足身体发育的需要，这个时候身体已经为离乳做好了物质上的准备。

孩子吃母乳、抚摸母亲乳房入睡在生活中很常见，对年幼的孩子来说，当母乳不再是她主要的食物来源，吃母乳、抚摸乳房就只是满足孩子内心安全感的需要。这是天性，是孩子感受快乐不愿主动放弃的一种自发行为，需要父母的帮助，来完成孩子生理上的离乳。

生理上的离乳是孩子必须要经历的人生第一次挫折，成功离乳也就说明孩子跨过了人生第一道坎。经历挫折情感会促进孩子心智的发展发育，这个过程需要父母接纳孩子的不良情绪并给予抚慰，但离乳必须坚持。

同样的道理，分床也是。

孩子健康成长以他（她）的性健康发育为基础，离乳和分床，关系到孩子与父母身体隐私部位密切接触的时间长短，和孩子的性健康发育息息相关。

当孩子对食物的需求、对安全感的需求呈现出多样化的趋势，不再单纯通过母乳、同床来满足时，我们就可以自由决定离乳以及分床时间了。

那为什么父母还在困惑、焦虑什么时间离乳，什么时间分床呢？那是因为父母把孩子的情绪当作了自己做决定的主要诱因。

0～6岁，任何时候决定离乳、分床，孩子都会有情绪。我们需要做的是，以合适的、正确的方式来处理、疏导孩子的情绪，而不是让孩子的情绪来影响我们的决定。

离乳、分床时，孩子表现出“一哭二闹三上吊”的情绪很正常，若因为孩子哭闹就搞得家里鸡飞狗跳，这就是父母的责任了。

有的家庭让妈妈躲起来哄骗孩子离乳、分床；有的家庭在孩子“一哭”时，用好吃的、好玩的哄骗孩子；有的家庭在孩子继续“二闹”时，故意恐吓孩子“警察或强盗来捉小孩了”；有的家庭在孩子撒泼“三上吊”时，如果欺骗、恐吓不管用，就用暴力让孩子缴械投降。

这些都不是正确安抚孩子情绪的方式。

当决定和孩子离乳或分床时，父母需要首先接纳他们的情绪，他们会以哭闹、撒泼、打滚、反悔等方式来表达愿望得不到满足时的失望和伤心，这时父母应接纳这是孩子正常的反应。

在保障人身安全的情况下，允许他们哭闹、打滚等。因为情绪是一种能量，既然来了，就需要释放，要经历一个过程。如孩子哭闹的时候，不应安抚他（她）“不哭不闹”，也不能用欺骗、恐吓的方式让孩子停止哭闹，而应允许孩子哭闹，同时，告诉他（她），你会在旁边等他（她）慢慢哭完，等待孩子情绪平静。

之后，理解孩子的情绪，并用孩子听得懂的语言说出孩子内心的想法，让孩子明白父母理解他（她）的感受，知道他（她）的失望、伤心，同时，也告诉孩子父母这么决定的原因。

最后，就剩下温和的坚持了。这个过程会反复，父母需要有耐心。当孩子情绪稳定平和，接受了离乳、分床，再为他（她）的成长点赞，给予鼓励。

对孩子身体隐私概念的启蒙3岁左右就应该开始了，但若孩子马上上小学了还没断乳；孩子已经开始窜个子了，异性父母还没和孩子分床。这些非正常离乳和分床的情形，都会对孩子的行为和心理发育造成偏差。

孩子身体和父母身体因为吃母乳、同睡必然在一起，隐私部位不可避免地会每天持续接触，孩子感官上的性感觉会持续得到刺激。长时间过多的刺激，会提早唤醒孩子的性感觉和性意识，但同时因为他（她）对两性的认知能力和理解能力不足，性道德、性隐私、性防卫等意识发展严重滞后，容易导致心理上出现偏差，若不及时纠正，则后果会延续到孩子成长的下一阶段。

如果违背“以分离、孩子独立生活”这个终极目标去养育孩子，孩子常常会出现巨婴、啃老等各种心理问题或障碍。这个时候，父母就该问问自己，到底是谁的原因导致孩子不能正常离乳和分床的？

教会女孩区分性的隐私和羞耻

不论是诸如娱乐圈“艳照门”事件，还是日常生活中的两性关系，对性的认知，我们很少去区分隐私和羞耻，感觉上可能就是一回事。每当有关性隐私事件曝光，对于当事人和群众来说，内心都会觉得是一件羞耻的事情。因为隐私的曝光，大家觉得羞耻，又因为觉得羞耻，更觉得隐私不可描述，羞耻和隐私好像是搅和在一起的孪生兄弟，但实际上它们是不同的。

人从懂得用树叶遮蔽身体性器官（隐私部位）开始，就有了羞耻感。人的羞耻感可以说是与生俱来的，而隐私的概念是文明社会的产物，属于人的一项自然权利。

隐私是一种和公共、群体利益无关，一种仅存在一定范围内，个人不愿告诉他人或者不愿公开的个人私事，是个人的自然权利。

羞耻是一种情绪感受，是一种令人痛苦的信念。感到羞耻的人常常伴随着自我否定、回避、自卑、发怒等内心情绪，过度羞耻会带给我们生活许多的痛苦。

本来隐私和羞耻没有必然的联系，比如，个人资料等属于个人隐私信息，人们有不愿让他人知晓的愿望，有要求保密的权利，但这些信息的公开不会带给个人羞耻感，个人也不会对这类隐私信息带有羞耻感。

但在性这个领域，隐私和羞耻相互交织联系，和我们的生活紧密联系在一起。人对性的本能的羞耻感使得隐私权得到尊重，隐私和羞耻是我们在性教育中不可回避的一个问题。

性隐私事件的曝光，对女性的伤害比男性大得多。现实生活中，一些年轻女孩和男友分手后，往往容易被前男友用性爱视频威胁。因为不论是从社会文化，还是我们个人认识，在性领域，对男女的羞耻程度评价是不同的。社会和个人（包括女性自己）对女性性羞耻度的评价更加严厉。

无耻之人固然不可取，但过度、强烈的性羞耻感同样会带给女性强烈的痛苦，其中也包括女性自己给自己的性羞耻感。对于如何保护女性的性隐私，首先需要了解女性对自己产生强烈性羞耻感的四个主要来源：

第一，人们天生对性的羞耻感，这是已经写入我们的基因里的。从生物学角度来说，羞耻感是可以遗传的，女性在生物学上敏感度一般要比男性高，已经是一个共识。现代科学研究表明，有的婴儿一生下来对羞耻感的敏感度就比其他婴儿要高。一句话，天生的部分，我们接受吧。

第二，原生家庭环境的影响，并且这个影响是巨大的。家庭环境中，对性的羞耻感会在日常生活中的各种小细节体现出来，如对女性性器官称谓的贬低、回避，对女性月经生理周期的肮脏羞耻心；对女孩发育过程中的打压、否定，等等。家庭环境中对性的认知是负面的、消极的，女孩也更容易成长为“以性羞耻感为中心”的人。当女孩对自己女性性特征进行自我否定时，会伴生出自卑、压抑、失望、恐惧等情绪，生活中无数事情和性息息相关，其痛苦也挥之不去。

第三，文化中的性羞耻，这个影响不容忽视。社会文化中充斥着关于女性性羞耻的各种信息，如电影《嘉年华》中的女孩遭受性侵，是被害者，本应该受到保护，父母却感到羞耻，指责女孩穿了漂亮裙子，并毁掉了女孩的裙子。由于文化方面带来的消极影响，我们无法回避，但同时，社会中也存在关于改变女性性羞耻感的积极的信息，因此家长需要主动去甄别。

第四，个人关系中性羞耻感的相互影响。女性的性羞耻感在个人关系中会受到对方影响，特别是在亲密关系中，男性在性方面的强势和控制，很容易让女性在性羞耻感中觉得内疚，然后顺从对方的意愿，又或者因为女性强烈的性羞耻感，不能拥有和谐的两性关系，给彼此造成痛苦。

本书的目的是帮助女孩以后拥有幸福健康的人生，针对女孩的性教育，希望通过家庭性教育降低女孩对自己的性羞耻感，提升女孩的性隐私权意识。

降低或者消除性羞耻感，要从完全接纳女孩自己的身体开始，接纳她幼年时期所有的身体自我探索行为，爱护女孩性器官就像爱护她们身体的其他部位一样。小心呵护，是从女孩一出生就开始的，并一贯而之。

隐私是一个抽象概念，理解什么是隐私，需要人有一定的认知理解能力。根据人的性发育阶段，一般到3岁左右，就到性隐私意识启蒙的时候了，但主要还是让孩子自由探索身体的秘密，而“潜伏期”才是人的性道德和性隐私形成的关键时期。

在和孩子交流时，父母应使用正确的不带歧视的性器官名称，在家庭环境中尽量安排给女孩单独的洗澡空间，使用积极的语言，温和地和孩子讲隐私部位的健康护理知识，等等。这些做法都能消除女孩的性羞耻感，对提升她们的性隐私意识能够起到潜移默化的作用。

家长们在认知上的改变，相对比较容易做到，但当看到女孩自慰的时候，许多家长就不淡定了。

有的家长仅仅知道男孩在青春期会有自慰行为，并把自慰行为狭义理解为青春期后男性对性器官摩擦射精的行为。孩子

在青春期前还没有大量性激素分泌，性器官也没有成熟，没有类似成年人的性冲动，因此这里说的自慰行为是指孩子性发育过程中所有对性器官自我探索并获得愉悦感的行为，而不是成年人的自慰行为。

男孩因为性器官外露，家长们比较容易就观察到，男孩从小就会用手摸性器官。女孩的自慰行为相对隐蔽些，多数表现为夹腿、蹭凳子等，部分家长因为不理解，把女孩的自慰行为当作不文明或者调皮的行为加以制止，而女孩因天生的敏感和羞耻心也会逐渐自我克制，或者干脆“转到地下”偷偷进行。

比如，女孩6岁前常见的夹腿行为，往往伴随着用力、脸红、呼吸急促，这个时候大部分的父母会以为孩子碰到了让她紧张的事情，会采取抱起她，转移注意力等方式处理。其实，这种类似的行为就是女孩的自慰行为。有的父母一旦意识到女孩在探索性感觉，会马上制止孩子的行为；年龄稍大一点的女孩会用手触碰性器官或者摩擦性器官，家长看见更是会呵斥指责。

呵斥指责不能教会女孩加强隐私意识，传递的是对性的羞耻感。抛开对孩子自慰狭义的偏见，正确认识性的发展规律，接纳女孩的自慰行为，帮助她们建立自慰行为的边界，才是父母应该做的。

当我们可以做到接纳女孩的自慰行为后，应如何帮助女孩建立自慰行为的边界？

自慰行为的边界需要建立性隐私意识，性隐私意识的建立需要根据孩子的年龄、认知理解水平，以及家长的态度而采取不同的方式。6岁之前的自慰行为是自由探索阶段，需要让孩子逐步懂得私人空间的概念，懂得自己想通过这样的方式获得愉悦的时候，应该到自己的私人空间中，可以是卧室，也可以是卫生间。这个时期不强求孩子马上做到，但起码要让她逐步懂得。

等孩子到性潜伏期（7岁至青春期前）时，家长就应该帮助并要求孩子建立性隐私空间的意识。与此同时，也是性生理知识教育的好时机，要教会女孩正确护理性器官，让她们明白过度摩擦会伤害自己。

隐私既然是一项个人的自然权利，就必然要得到尊重。性隐私更是如此，当孩子逐渐有了性隐私权意识后，希望得到尊重的要求会随之而来。让孩子学会尊重自己、尊重父母、尊重他人，父母要先做到尊重孩子的隐私，以身作则。比如，进入孩子房间前要敲门再进入；比如，亲吻孩子前要先征得孩子允许；比如，不在客厅等公共地方裸露性器官，等等。与此同时，要求孩子尊重父母的性隐私，比如，进入父母的房间前先敲门；比如，当孩子抚摸母亲乳房时，如果母亲觉得尴尬，要诚恳地告诉孩子并要求她尊重妈妈；等等。

在相互尊重下，帮助女孩建立性隐私的意识，消除对性的羞耻感，这是女孩性潜伏期发育时需要注意的一个重要内容。

女孩玩性游戏时，父母应该关注的几个问题

玩游戏是孩子的天性，可以促进孩子身心发展，特别是孩子大脑思维能力和想象力的发展，而且还可以提升孩子的认知能力并增进孩子和同伴之间的交流，以促进孩子情感发育。

孩子们玩的众多游戏中，有一种是性游戏。孩子玩性游戏，一是因为对身体好奇，是一种自发探索身体的行为；二是因为孩子拥有模仿的天性，喜欢模仿成年人的行为。

孩子从3岁后就开始玩性游戏了，但性游戏大多数发生在6岁至青春期前这个年龄段。我们经常可以观察到学龄前儿童之间的性游戏，有扮演爸爸妈妈的；有假装结婚和怀孕的；有用洋娃娃扮小孩的；也有扮演医生检查身体的；甚至有的会假装脱裤子打针。这些在幼儿期间都是非常有益且正常的探索学习过程。

学龄前（6岁前）儿童之间的性游戏常有拥抱、亲吻或者抚摸等行为，这些接触会让孩子觉得舒服。他们对自己和他人

身体都感到好奇，有探索的欲望，会按游戏玩法，脱裤子观看身体是孩子探索自我成长的一部分，也是学习和同龄人玩耍相处的好机会。

6岁至青春期前儿童的性游戏，会相对隐蔽一些。随着孩子性别意识的加强，会进行同性之间的性游戏，也会进行异性之间的性游戏，如男孩之间有比赛拉尿看谁拉得远的游戏，或者比赛拉尿画地图谁画得好。女孩也有在游戏中规定互相观看性器官的环节。异性之间的性游戏会更丰富复杂一些，伴随模仿成年人之间的行为更多。

孩子在6岁前的性游戏极少有伤害性的行为。这种以游戏的方式探索性，对孩子的成长是非常有益处的。只要孩子在游戏中是自愿且快乐的，父母就应该顺应孩子的天性，宽容接纳就可以了。

当孩子上学后，社会交往扩大，性意识逐渐成长，“潜伏期”年龄段孩子之间的性游戏会有一定的复杂性。有的孩子性意识被提前唤醒，好奇心特别重，特别是年龄差距3岁以上的潜伏期孩子在一起玩的时候。为了保护女孩，防止在性游戏中受伤的情况出现，父母们需要关注以下三个要点：

第一，有一些特别的事项需要女孩注意。在玩游戏过程中，如果亲吻、拥抱或者看、摸对方的身体，需要先征得对方的同意。先尊重玩游戏的其他小朋友，也要求其他小朋友尊重自己，同时，要告诉女孩隐私部位不可以让其他小朋友触碰，如果有小朋友想触碰，要大声说“不”并马上离开，告诉父母。需要反复强调玩游戏的底线，避免造成身体伤害。

第二，有一些事项需要家长注意。从孩子的年龄来看，一起玩性游戏的孩子年龄如果差不多接近，应该没什么问题，但如果参与游戏的孩子年龄差距超过3岁以上，大小男孩女孩一起玩游戏，家长就需要特别留意，看看孩子们的状态反应，假如一起玩游戏的孩子开心、快乐，问题不大；如果有个别儿童特别是年纪较小的孩子生气，甚至害怕离开，家长需要特别留心关注，分辨是否有身体侵犯行为的发生。从性游戏性质行为来看，儿童之间过家家、扮演医生看病人，一起脱衣服给彼此看，拥抱或者亲吻都是正常的性游戏行为，但如果儿童之间有插入性的行为，如用手指抚摸插入隐私部位，或用嘴亲吻阴部或者阴茎（很有可能是孩子性意识被提前唤醒而出现的模仿成年人的行为）就是有问题的，是必须停止的性游戏。如果已经关注到孩子之间的性游戏有异常，指出并要求不能继续这样玩，但儿童行为没有停止，特别是年龄相差3岁以上的儿童没有停止这种游戏行为时，家长应该及时介入。

第三，是如何介入的问题。家长不要用成人对待性的认识去看待男孩女孩都参与的性游戏，去理解孩子之间的亲密动作。亲吻拥抱时，如果孩子表现出开心快乐，不需要阻止；但如果有模仿插入性动作，则需要马上制止。要避免呵斥或者责骂男孩是“小流氓”，因为责骂不仅会对男孩的心理造成伤害，同时，更会对女孩的心理造成伤害，即使仅仅对男孩单方的责骂也会影响到女孩，女孩天生在性羞耻感上更敏感，父母的责骂会使女孩产生巨大的心理压力。

男孩女孩出于好奇对性进行探索，但他们的性激素还没开始大量分泌，性器官发育还没成熟，还没有形成成年人世界中关于性意义的认知。父母需要做到温和而坚决地制止不合适的性探索行为，并可以抓住机会，把此事当作对孩子们进行性教育的好时机，讲明讲透理由，一起学习如何保护自己，做好性游戏的底线教育。

性游戏是孩子探索身体的一种正常的、自然的方式，也是性心理发育中性体验非常重要的一部分，需要父母在做好底线保护教育的前提下宽容接受。这样才更有利于女孩健康成长。

女孩的身体边界感
是她安全意识的起点

我们在工作、生活中与人交往，和不同的人接触，在不同场合身体会保持不同的距离，就形成了日常生活中的“社交距离”。

和陌生人接触，距离过于接近，会不由自主地产生压迫感，让人觉得不自在，但和比较亲密的人一起，某些场合我们身体接触可能会是零距离。不论是在生活中还是工作中，在不同场合，不同身体距离也传递出不同的信息。比如，不太熟悉的人见面，若其中一个故意拉近身体距离，我们就可以明显感到对方主动交往的意图。

肢体接触的场合和距离紧密联系在一起，形成让自己感觉舒服的社交距离。男女因性别的差异而对身体之间的距离有不同的敏感度。一般情况下，女性对社交距离更加敏感。

能够意识到自己和他人接触时，保持哪一种合适的身体距离，即在对方身体靠近或者远离时，能感知是舒适还是不自在。这种感觉就是我们的身体边界感。

良好的身体边界感不是天生就有的，是我们在成长过程中逐步习得，在生活、工作中适时调整，形成每个人独特的身体边界感。

在成年之前，契合发育程度的良好身体边界感是女孩安全意识的起点。假如有人接触身体，女孩会感觉到不舒服，自然就会产生一些害怕、焦虑的情绪，人的警惕心就是在这种害怕焦虑情绪中产生的。

良好的身体边界感也是女孩正常顺利融入集体、融入社会的助推剂。养育女孩，希望她在人际关系交往中懂得分寸，知道保护自己，是每个父母的心愿。在女孩成长过程中，我们应如何培养女孩的身体边界感呢？

第一，父母不要去破坏幼年女孩（0～6岁）天生敏感的身体边界感。父母们是否还记得，孩子六七个月后就开始认生，若有陌生人突然抱她，会用啼哭的方式反抗，这个时候熟悉的家人大多会抱回来安抚，这就是孩子天生的身体边界感。

有的孩子敏感，有的孩子会自来熟一点，天生感觉有不同，但父母的做法需要一样，不去破坏孩子天生对身体边界的敏感度，然而日常生活中，我们的一些习以为常做法却时刻破坏着孩子天生的身体边界感。

常见的情形是，父母带孩子和好朋友见面聚会或者是在外地的长辈亲戚来家里串门，亲戚和朋友爱屋及乌，见到孩子这么可爱，会主动示好，忍不住拥抱、亲吻孩子。这个时候，孩子对陌生人的第一感觉一般是抗拒、退缩，有的会推开，有的会哭，有的会转向爸妈求救等，但大多数父母碍于面子和亲情等原因，不会阻止成年人的行为，而是对着孩子说，这是谁谁，快叫“叔叔”“阿姨”“爷爷”“奶奶”。当孩子退缩回避时，父母反倒批评一句“这孩子……”然后尴尬地笑着扯开话题，并不会关注孩子的感受，因为过一会儿，孩子的脾气也就没有了。

这个时候，很少有父母会意识到，自己是在亲手破坏孩子的身体边界感，但是当父母想起要教育孩子特别是女孩的人身安全时，又叮嘱交代女孩要注意防范陌生人，离陌生人远一点。

大家可以站在孩子的角度想象一下，对孩子而言，父母口中叮嘱的陌生人是陌生人，但没见过面的阿姨、爷爷、奶奶难道不是陌生人？为什么对这个陌生人要强迫我接受他（她）的拥抱亲吻，对那个陌生人又要远离？父母心中已有的亲疏感情认知，不可能直接转到孩子的头脑里。这时，孩子的小脑袋该有多疑惑，怎么才能够分辨出哪些是可以亲近的爷爷、奶奶、叔叔、阿姨，哪些是应该远离的爷爷、奶奶、叔叔、阿姨？

孩子天然的身体边界感就是这样在矛盾冲突的感觉中被破坏掉了。

父母应该尊重孩子的感受，没见过就是没见过，就算是亲爷爷亲奶奶，和孩子第一次见面的时候，这个人一样是陌生人，孩子远离回避是再正常不过的事情，我们需要保护好孩子天生对身体边界的敏感度。

同时，建议父母对第一次见面的长辈朋友，应该善意提醒并解释一下，接触自己的孩子，希望对方慢慢示好。另外，提前给孩子讲讲，要见面的人是谁，和父母是什么关系，他们是否可以信任，讲明白后就顺其自然，尊重孩子对人认识熟悉的自然节奏，不强迫不批评。通常父母在场时，孩子觉得安全开始接受对方友善的举动，自然会熟悉互动。

父母一个小小的举动就可以保护好女孩天生的身体边界感，胜过无数次叮嘱孩子要离陌生人远点。

第二，是帮助女孩认识身体隐私部位，具体方法见前面《教会女孩区分性的隐私和羞耻》章节。父母帮助女孩逐步建立隐私空间的意识并教育女孩隐私部位不可以随便让人触碰，可以触碰隐私部位的例外情形要和孩子讲清楚，比如，家人帮助清洗身体的时候，让医生检查身体的时候（父母必须在场），等等。让女孩从认知层面懂得区分什么人在什么情况下才可以触碰隐私部位，除此之外，其他任何人都不可以触碰自己隐私部位并需要跟孩子强调，假如有人触碰了自己的隐私部位，一定要告诉爸爸妈妈。

在认知层面上，强化女孩的身体边界感意识是针对“潜伏期”年龄段孩子的一个主要性教育任务。

如何应对孩子性心理发育迟滞

孩子的性生理发育是遵循身体发育的规律，排除因激素刺激或身体意外情况，正常来说，性生理发育和身体发育是同步的，但孩子的性生理发育和性心理发育，会因父母的养育方式或者外界性信息的刺激出现不同步的情形，甚至出现错位的情况，并且多见于孩子“潜伏期”这一时间段，个别甚至会延续到青春期。

孩子性生理发育所在的年龄阶段，有着与之相适应的性心理特征和行为。孩子的性心理特征是通过对性的理解、体验和态度表现出来的。具体表现在孩子日常的行为、和同伴相处的关系、父母和孩子的亲子关系，特别是和异性父母的亲子关系上。

性生理发育和性心理发育错位分两种情况：一种是性心理发育迟滞，一种是性心理被提前唤醒。

在这里列举一位妈妈的咨询例子，希望可以帮助大家理解什么是性心理发育迟滞。

妈妈发现女儿小美（4岁）多次用手放在阴部开始夹腿，并伴有脸红的现象，担心孩子大力弄伤阴部，所以选择阻止孩子这么做。每当阻止时小美都会哭，也无法讲述原因，这种情况持续了几个月，妈妈开始责骂小美，小美会马上停下来，但后来妈妈发现，小美偷偷进行夹腿的情况越来越严重了。现在小美已经6岁，准备上小学了，妈妈很担心这样会影响小美的小学生活。

这就是家长由于过度担心用错了方法，越阻止越反复，越责骂越严重的一个例子。这里有什么样的心理成因呢？

小美在幼儿时期自我探索身体愉悦的行为是一个正常行为，孩子能感受到愉悦，但注意力集中的时间比较短，一旦有新的东西或事物可以吸引她，自然就停止了，但妈妈过于担心孩子受伤，直接阻止，也就是说孩子在玩得好好的时候，突然被强行阻止，她不明白为什么，只好用哭泣来表达不满，接着因妈妈的呵斥再次感到压抑。

小美玩耍的快乐没有得到满足，心里会一直有所牵挂，所以往往会再次重复探索夹腿行为所带来的愉悦感，如果再次遭到阻止呵斥，就会慢慢发展到越阻止越会用夹腿行为带来的短暂愉悦来缓解受到责骂的焦虑，再加上由于年龄太小而无法清晰表达自己的想法，父母又不理解，形成了恶性循环，所以小美偷偷夹腿的行为才越来越严重。

孩子在幼儿阶段正常自我探索身体性愉悦的行为，如果遭到错误教养方式的阻止，那么孩子对性的探索、对性的体验和感受严重受阻，会再次用探索性愉悦感来对抗焦虑。孩子把幼儿时期性自我探索行为，延迟到了下一个发展阶段，形成了性心理发育迟滞。

针对类似情形，父母们该如何应对呢？当父母发现孩子出现不合适的、带有性隐私方面的行为时，肯定是希望孩子马上停止，并改正错误。父母们也会想尽许多办法，正如小美妈妈所说："打也打了，骂也骂了，道理也好好讲了，又用好吃好玩的东西哄，就是不起作用，真是伤透脑筋。"

这么多种方法都不起作用，原因是什么？其实不是孩子做错了，而是父母忽视了孩子这么做背后的情绪感受，没有满足孩子内心真正的需求，是父母做错了。

想要解决类似情形，父母首先需要停止所有用过的、对孩子无效的行为和语言，也就是说"停止打，停止骂，停止讲道理，停止用好吃好玩的东西哄"，然后想一想每次自己这么做、这么说的时候，自己的感受是什么？担心？生气？恼怒？失望？伤心？最好可以记下来，这个过程可以先帮助父母缓解自己的焦虑情绪，因为家长只有调整好自己的情绪，才可以开始理智地解决问题。

接着就需要父母们自己补补课（可以再看看前面章节的内容），了解女孩性发育规律有哪些，在每个性发育阶段有哪些主要性心理特征和行为，弄明白孩子行为是正常的，还是出现了问题并处于哪个阶段，做到心中有数。父母不需要成为性教育专家，但需要补上性教育的知识，起码要弄明白自己以前哪些行为是错的。

第二步，尽可能尝试接纳孩子的行为一段时间，可以假装没看见，或者对孩子笑一笑，让孩子继续这么做。这个过程，父母需要有足够的耐心，可能几个星期，也可能几个月。在孩子情绪平稳的时候，和孩子聊感受，猜测孩子的情绪，询问并肯定孩子的感受。父母在完全理解了孩子的感受后，再问问孩子是否想知道父母的感受，得到孩子肯定的答复后，再和她聊自己的感受（如主要是担心），不评价不批评；假如孩子拒绝，父母应该马上停止说教。

这个阶段，父母需要先接纳自己的情绪，不要让焦虑控制自己，然后以平和接纳的态度去理解孩子的感受，包括孩子做出行为时的感受，她受到阻止、责骂时的感受。

需要提请注意的是，父母千万别假装接纳，然后又偷偷监视孩子，孩子虽然不一定说出来，但对情绪的感受是非常敏感的。只有真正做到理解孩子的感受，才能让孩子更容易理解你的感受。

第三步，开始和孩子协商行动改变。允许孩子继续保留性自我探索行为并商定在什么场合什么时间可以这么做，如果孩子没忍住，约定好提醒方式。这里特别需要注意的是，所有的约定，请让孩子主动提出来，父母再协助，如果孩子已经读小学，认知理解能力很强，那么完全可以让孩子定。父母需要和孩子一起做到“一星期，一总结，一修订，一奖励”，也就是说每个星期和孩子总结一下，一星期制订的任务是否完成，没有完成的原因是什么，然后做出修订。对已经完成的，应及时反馈给予约定好的奖励，再次制订下一星期的计划并约定好执行情况的奖励和惩罚。（温馨提示：奖励和惩罚需要具有可操作性、可执行性、时效性。）

如果孩子还没有足够的认知理解能力来制订计划，父母可以辅助。但制订协商行动计划，最关键的是孩子的自主性。需要书面制订计划时，父母和孩子一起签名，以示重视和尊重，再帮助孩子坚持下去。

小美父母按照上述步骤努力了半年，小美的夹腿行为终于消失了。

性心理发育迟滞还有其他情形，比如，幼儿已经学会到厕所拉屎拉尿，却突然就又开始在家随地大小便；比如，适龄分床时，孩子和异性父母迟迟不分床睡，导致异于同龄孩子的依恋心理延迟；又比如，孩子反复观察父母身体的隐私部位等。这些类似的问题存在时间有长有短，解决的方法可以参考前面所述的几个步骤，但父母需要明白，解决的过程不可能一帆风顺，孩子在改进的同时还可能有反复，因此父母需要有决心和耐心。

如何应对孩子性心理发育被提前唤醒

性生理发育和性心理发育错位的第二种情况是性心理发育被提前唤醒。

这里再列举一位爸爸咨询的例子，以帮助大家理解什么是性心理发育被提前唤醒。

某周末爸爸妈妈因临时有事外出，让哥哥小磊（10岁）和妹妹小虹（7岁）以及邻居女孩（6岁）在家玩，中途爸爸回来，发现孩子们在玩性游戏，小磊把妹妹压在沙发上，用身体做“成人性交”的姿势，爸爸大吃一惊并马上阻止，所幸没有孩子遭受到身体伤害。

经进一步了解得知，两个月前小磊看过同学给的小电影，里面有男女性爱性交的内容，在偷偷看的过程中被妹妹发现，又和妹妹一起看，觉得刺激、好奇，所以趁大人不在家，模仿视频动作。

之后又了解到一个信息，小磊在7岁左右曾经看过父母过性生活，父母知道后觉得尴尬，认为孩子还小，当时并没有在意，只是让孩子回房睡觉。妹妹小虹和父母分床后，目前和哥哥一个房间，分别睡上下铺。

事情发生后，父母把孩子们骂了一通，哥哥遭受了一顿皮肉之苦，妹妹重新和父母一起睡，哥哥单独睡，但父母仍旧很担心、非常焦虑，不知道如何处理。

在这个案例中，小磊、小虹的身体发育都处在性发育潜伏期，还没有进入青春期，但性心理发育已经明显被提前唤醒了。

孩子的性生理发育应该有与之相适应的性心理特征和行为，但在成长过程中，因为某些因素，孩子意外获得在性方面的感官刺激，导致孩子对性的理解、性的体验和态度，出现超越年龄阶段、超越身体性生理发育的变化，提前探寻、尝试、追求与之性生理发育阶段不相适应的性体验、性行为。这种情况就属于性心理发育被提前唤醒。

这里简单分析一下小磊和小虹发生这件事情的心理成因。

从他们父母口中了解到，孩子们在6岁前没有异常，父母没有特意进行过性教育，但对孩子的一些自发抚摸身体的探索行为也没有刻意阻止，两个孩子都是自由发展的。

父母记得小磊在7岁左右见过他们夫妻性生活，因当时觉得特别尴尬，事后也没有和孩子进行沟通。小磊对这件事的记忆已经有点模糊，但承认自己对这方面比较好奇。

这件事情父母处理不当，小磊当时对性的疑惑的种子已经埋下，好奇心加重，对性信息的接受也比较敏感。上学后，同学之间会分享关于性方面信息，如果有文字、图片、网络视频、性感游戏角色等，小磊都会有兴趣地主动获取并和妹妹分享，进一步提前唤醒了妹妹小虹的性意识。

因为这部分的性信息会刺激人的感官，并不属于科学的性生理知识，孩子们并没有同步建立相适应的性道德、性隐私等要求，只是模糊知道要回避父母。

而易得的各种性信息进一步刺激了孩子的感官，撩起了孩子对性异常的好奇心，最后导致他们尝试模仿成年人的性行为。

性心理提前被唤醒后，孩子的行为方式存在多方面的表现，上述例子相对比较极端，除了模仿成年人性交行为外，还会频繁自慰，对性信息有着强烈的、难以忍耐的好奇心等，有时可能会做出伤害自己或他人的行为。

性心理发育被提前唤醒需要及时纠正，特别是针对已经出现不合适的尝试性行为，不及时矫正会直接影响到青春期性心理发育，导致一些自伤或者伤害他人的性暴力事件（有关性暴力的问题，后面章节会讲到）。

发现问题后，为了消除和降低负面影响，在家庭性教育中，父母该如何做呢？

首先，需要家长用有效的方式让孩子停止模仿成人性交动作，假如已经失控，采取一些强制性的措施也是必要的，比如，暂时将一方送到亲友家寄住等。孩子也许会对性产生恐惧、焦虑的情绪，但相对于放任孩子的行为，任其继续发展带来的负面影响要更小些，理性的决定是“两害相权取其轻”。

其次，必须及时为孩子补上科学的两性生殖生理卫生知识，包括男女性器官的构造、不带有感官刺激的男女性交知识，这方面社会上已经有比较成熟的科普书籍和绘本，家长可以甄别挑选。家长在尊重彼此的情况下，正常应该同时让孩子懂得性道德规范和性隐私规则，但处理非正常情况时，则可以利用孩子的恐惧心理、性的羞耻心等负面性感受。家长需要告诉孩子，不停下这种行为会造成严重后果，强行为孩子建立性冲动的安全堤坝，然后帮助孩子净化生活环境中不良的性信息，特别是一些能够对感官造成较大刺激的色情视频和图片。

最后，家长需要持续关注孩子的情绪、心理变化，正面安抚、引导孩子，有必要的话，应该寻求专业心理医生的帮助。安抚、引导情绪的方式可以参考上一节处理性心理发育迟滞情况的步骤。

这个案例中，小磊在7岁左右见到父母性爱生活，但小磊父母的处理方式明显不当。类似的情况假如父母们碰到，同样会觉得无比尴尬，但尴尬归尴尬，如何更好地面对和处理这种生活中的意外情况呢？

当这种意外情况在生活中发生时，父母发现孩子正在看他们后，一般都会停下夫妻生活。停下来后，父母需要控制好自己的情绪（假装镇定也好），深呼吸一下，先把孩子安顿好，但不可以当作事情没发生，即使当下不合适与孩子沟通，也应该另外找个时间和孩子聊聊。

首先，弄清楚孩子看了多久，看到了什么，问问孩子是怎么认为的，家长先搞清楚孩子如何认识这件事非常关键。可能孩子刚推门什么也没看到，也可能孩子在门口看了很久，正疑惑眼前的事情，因此父母需要根据孩子看到的内容和疑惑进行解释。

其次，关注孩子对事情的情绪反应也非常重要。常常有年纪较小的孩子认为父母在打架，内心充满恐惧；但也有较大点孩子似懂非懂，内心充满害怕和疑惑。这就需要父母根据孩子的疑惑进行解释，直到消除孩子的不良情绪。交流处理的方式可以参考前面章节所提到“打太极”，用“你来我往”的提问方式进行。方式不重要，重要的是消除孩子的不良情绪，而不是回避。

最后，需要父母为这件事给孩子造成的困扰勇敢地道歉。不是为做这件事情本身道歉，应该强调这是父母表达爱的一种方式，但这种方式必须是私密的，父母由于疏忽没有做到私密这点，给孩子带来疑惑和恐惧，所以需要向孩子道歉。父母也正好抓住这个性教育的时机，向孩子讲明家庭成员之间需要互相尊重，请孩子尊重父母，约定下次进父母的房间前需要先敲门，也可以约定家庭中其他对性隐私的尊重规则。

这类问题看似是家庭生活中的意外，但只要父母留心，就可以把意外当作一次学习和成长的好机会。

孩子在成长过程中，性心理发育迟滞和性心理发育提前被唤醒都是需要家长们特别关注留意的，发现问题必须及时处理，才不至于造成更严重的后果。

第五章

女孩青春期应注意的性教育关键节点

章|节|寄|语:

青春期是性蓬勃发育的时期，是生命力张扬生长的时期，对人的一生影响深远，旺盛的荷尔蒙如充沛的河水一样涌动，因此，如何帮助孩子筑好防止河水泛滥的堤坝，就显得非常重要了。

帮助女孩以积极的心态了解接纳女性第二性征

青春期对每一个人来说，都是人生特别重要的一段时期。世界卫生组织（WHO）规定的青春期是10～20岁。它是以性成熟为主要内容的生理成长期，是儿童到成年人的过渡阶段。在这一阶段，人的生理、心理都发生着剧变，重要性不言而喻。

曾经对性教育不怎么重视的家长，在面临女孩青春期的时候也会变得紧张兮兮，开始对女孩的变化有各种担忧，经常造成亲子矛盾的集中爆发。

不论出现什么状况，当家长意识到问题的存在，想和孩子沟通性话题时，就是最好的时机，因为解决问题的最好时机，永远在当下。

孩子到了青春期，性腺激素会刺激他们的第二性征发育，身体长高，性器官开始成熟，男孩会面临以射精、遗精为主要生理现象的第二性征，女孩会迎来以乳房发育和月经初潮为主要特征的第二性征。

孩子的大脑也在进一步发育中，而控制理性思维的大脑前额叶皮层要到青春期最后阶段才能发育好，所以孩子的心理精神层面也处在急剧变化中，情绪高低起伏不稳定反倒是青春期孩子的常态。

在这样一种精神状态下，孩子们要独自面对身体上和性发育相关的事情，惊慌失措在所难免，他们的压力也格外大。

作为父母能帮到孩子的是提前把第二性征告诉他们。特别是在第二性征发育过程中，可能会遇到的什么样的身体状态。

乳房是女孩发育过程中需要面对的一个显著第二性征，女孩的乳头开始微微隆起，有时可能会有一点胀痛，同时，伴随着一些稀疏腋毛、阴毛的生长，1～2年后会开始来月经。

日常生活中，乳房作为女人的第二性征，已经被各种各样的商业目的所利用。广告词“做女人挺好”暗示女人乳房一定要大而丰满；各类小说、影视等文化作品中，也都在传递乳房一定要大而丰满才是美的，有吸引力的。这些都会影响到女孩对乳房的看法。

大部分女孩对乳房大小形状会很在意，瘦小的女孩往往会羞涩自卑，过于丰满的女孩又会觉得不好意思，常常故意含胸，导致驼背。

所以针对女孩，需要提前告诉她在乳房发育的时候可能会有点胀痛，可能会左右不一致，大小不一样，有的人看起来可能会丰满些，有的可能会瘦小点，即使是形状也可能是多样的，每个女人的乳房发育和先天遗传有关、和营养有关。需要向女孩强调，乳房最重要的不是大小和形状，是健康。

让女孩接纳自己身体的样子，对自己的健康负责，而不是为了形状大小去穿束胸衣或矫形内衣，若想让乳房充分发育，运动加补充营养才是最佳途径。

因为基本性知识的缺乏，有的女孩对自己腋毛、阴毛的生长常常会反感，会私自拔掉最初长出的阴毛，损害皮肤和性器官。作为家长，应该提前告诉孩子她大约什么时候会长腋毛、阴毛，告诉孩子要注意护理，不要去破坏它，它是我们身体的一部分。

女性的第二个性征是月经。绝大多数母亲会在女孩第一次来月经的时候教女孩如何护理，同时，叮嘱孩子不要吃生冷食品，不要去游泳，跑步，等等。女孩一下子被限制了许多活动，常常觉得这件事好麻烦。假如女孩伴有痛经，父母一般也是冲杯红糖水让她们喝下去，忍忍就过去了。这些导致女孩在初潮的第一感受就是，麻烦加痛苦。

当女孩认为来月经是件麻烦事并且以后每个月都还要来一次的时候，心情会更加烦躁，完全没有感受到月经对女人的积极意义，即使日后理解月经对女人而言意味着什么的时候，在情绪感受上仍旧是消极的。这样怎么可能欣然接纳自己呢？这一点是和女孩的身体性自主权意识密切联系在一起的。

对于女孩必须要经历的月经初潮，除需要提前告诉她们应该怎么护理，以帮助她度过慌乱不堪的日子之外，更加需要父母留意的是，应该尽量避免月经来临带给女孩的羞耻、厌恶、麻烦的心理，让女孩以积极、自然的心态去迎接自己身体的第一个转折点。

月经是女性从儿童转向女人的标志，标志着女人具有成为母亲资格的基础条件。对女人而言，这是一件很重要的、很珍贵的、很有意义的事情。

在日常生活中，即使我们有这样的认知，却因传统文化对性的羞涩，很少去这么积极地教育女孩，很少有家庭会关注一个女孩的月经，庆贺仪式就更为罕见了。这里给父母分享一些欧美国家的家庭对女孩来月经的处理方式。他们通过这样一种方式，向女孩传递了一种积极、乐观的心态。

在一些欧美国家的家庭传统中，会专门为女孩来月经这件事搞一个庆祝仪式，就好像生日晚会一样，为女孩送上礼物和祝福。

通过这样一个仪式，女孩感受到长大的喜悦，从内心真正接纳这个重要时刻的来临。即使生理上还是可能会遇到疼痛，但心态上是积极接纳的，也会缓解许多身体上的疼痛。

另外一个常常被父母忽视的事情是如何处理女孩月经期间

的生理疼痛。在父母眼中，这似乎是一件正常的事情，反正一个月就那么几天，忍忍就过去了，多数是按照自己的生活经验教女孩喝点热水，喝点老姜红糖水，而不是去求助妇科医生，父母似乎羞于带一个年轻女孩去医院看妇科。其实，现代医学对女孩非病理性月经生理疼痛已经有了很好的安全的药物医治，帮助女孩用科学的方法舒缓生理上的不适，更有利于女孩接纳自己，更有利于她们的身体和情感发育。

成长是属于自己的，女孩都要独自面临青春期带来的情绪波动和各种压力。父母提前告诉女孩即将面临的第二性征发育，虽然并不能完全消除这份压力，但可以帮助女孩有效舒缓人生第一次身体剧变带来的惶恐不安，让她们可以更好更快地适应身体的变化，以更积极、自然的心态接纳自己。

帮助女孩了解男性第二性征

我至今都记得自己读初中时的那堂生物课，学校组织女生单独上课，就是关于男女性生殖知识的内容，对课堂不同寻常的气氛记忆深刻。当我有意识准备给女儿讲有关这部分内容的时候，她回复我说学校早在小学四年级的时候已经组织上过了，仍旧是男生和女生分开来上的。后来，经过进一步了解，大多数学校还是会选择男生和女生分开来学习这部分的知识。

几十年过去了，社会有了进步，学校性教育中关于性生理知识会提前传授了，但对于性的观念和意识仍旧羞涩，从男生和女生还是分开上课这一现象就能反映出来。

现在大多数学校都会有生理卫生与性知识的课堂内容，但不表示就不需要父母对孩子加强性教育了。相反，因为社会的发展和互联网的普及，父母更应该有意识地和孩子聊性话题。

我们的社会中，女性和男性的生活是交织在一起的，彼此之间必然产生人际关系。个体之间建立亲密关系，也会在合适的时机发生性关系。基于此，女性除了应该了解自己身体的第二性征外，也需要了解男性身体的第二性征。

一般规律，女孩青春期的开始年龄和结束年龄都会比男孩早两年左右。另外因个体差异区别很大，相差会有2～5年的时间，所以，孩子们的第二性征的外在表现在这个时期有很大差别，对男孩、女孩心理上的影响都是巨大的。

比如，女孩乳房的发育带给她们的不单单是羞涩，也会引起男孩的好奇。同样，当男孩开始变声、长胡须的时候，女孩也会忍不住多瞟几眼。青春期是他们从儿童向成年人的过渡时期，性成熟就在这个时期，彼此吸引、好奇，也是他们互相学习了解男女第二性征的好时机。

青春期女孩不仅会关注自己的身体变化，也非常关注一起长大的男孩的身体变化，对男性的第二性征也抱有好奇心。

父母躲躲藏藏、忐忑不安的心理完全可以放下，帮助女孩了解男性第二性征。掌握这部分知识不但不会刺激女孩早恋，反而会因为了解而降低了对异性性征的好奇心，能够让她更加理性地认识两性关系。

女孩常常会羡慕男孩不用处理月经这件事，认为男孩不会像女孩一样经历惊慌失措的日子。但事实是，男孩经历遗精、射精的生理现象时，也会和女孩一样惊慌失措，充满焦虑，内心忐忑不安，而且他们也会对自己阴茎的形状大小有担忧和疑惑。

这时，家庭中父亲或者其他男性长辈的经历，是女孩了解异性生理发育时所遭遇的心理状态和行为的好例子。让女孩懂得大家都在经历同样的情绪变化、同样的成长焦虑，更能激发女孩的同理心，培养女孩尊重自己和异性，也更有助于女孩建立良好的两性关系。

特别需要父母注意的是，帮助女孩了解异性的性征，是为了培养女孩自尊、理解、尊重他人的品质，而不是让女孩掉入羡慕男孩生理性别的心理大坑中。不贬低女孩自己的第二性征，也不贬低男孩的第二性征。强调男女虽然有不同的身体性征，但人格同样平等重要。

父母需要自省是否对女孩男孩的第二性征存在歧视和偏见，留意不要把自己带有偏见性的语言和行为传递给孩子。

帮助女孩了解男性第二性征，传递平等、互相尊重的两性价值观，不自贬，也不贬低对方，可以卓有成效地帮助女孩建立身体性自主权意识、性别平等意识。

如何引导女孩呈现女性的性感

相信养女儿的父母看着“家有美女初长成”的样子时，心里充满喜悦的同时也伴随着担忧，生怕自己辛苦养育多年，刚刚绽放的美丽花蕾被人提前摘了去。

青春期女孩越来越美，也越来越爱美，开始变得喜欢长时间霸占卫生间，洗脸、洗澡总是催很久也不见出来，照镜子的频率已经开始让人抓狂了，假如再见到女儿化个妆、穿着热裤出门，母亲的心情就像热锅上的蚂蚁。

女孩青春洋溢的天然性吸引力，是成长的喜悦，也是父母担心的源泉。如何让女孩既能保持爱美的心，又懂得爱美的尺度，真不是一件容易的事情。

当女孩步入青春发育中期和成熟期时，大致是孩子读初中和高中的时候。这个时期也是孩子学业压力最大的几年，父母多数都希望孩子专心学业，担心女孩过于专注外貌而分心，同时，还暗暗担忧孩子打扮得这么漂亮、性感，容易被异性关注、追求，万一陷入早恋就更麻烦了。

父母心底着急又不敢明确地反对，毕竟这个时代爱美扮靓也算是一种共识。另外，多数父母也已经领教过青春期孩子的“逆反”有多可怕。

女孩关注自己的外貌和身材，是因为这个时期她在乎自己在同伴中的形象，在意同伴的评价，在乎程度胜过父母和老师。这是青春期孩子必经的一个认识自我的过程。

爱美、注重形象会让女孩自然绽放出性的吸引力，是两性之间自然的互相吸引的天性，而且性感也是女孩成长为女人的一个美好特征。父母担心女孩变得美丽性感后，面临诱惑增多、风险更大。父母想保护好女孩，出发点是好的，但不是通过贬低她的美丽性感，限制她爱美的心可以做到的。

我们需要做的、能够做的，是爱护女孩对美丽性感的追求之心，让女孩懂得美丽性感的尺度，增强自我保护的能力，顺天性而为。如果父母总是想着逆天性而为，又怎么可以引导正在逐渐发育的女孩?

首先，我们要杜绝对女孩外貌、身材的打击、贬低。青春期对外貌、身材的关注让女孩对父母打击、贬低的话语和神情特别敏感。假如父母为了让女孩可以专心学习，刻意在这个时期打压女孩的外貌、身材，即使女孩考上了理想的大学，也会因为曾经遭受过打击、贬低而留下难以磨灭的心理阴影，而且还容易造成女孩成年后对自己样貌和身材严重不自信，常常在婚恋中处于卑微一方，难以获得幸福的婚恋关系。这种卑微的心理让女孩无法掌控自己感情，容易陷入婚恋失败的怪圈。

父母通过打击、贬低女孩的样貌和身材，对女孩的伤害远远大于它能暂时起到的作用，有时甚至根本没有作用，只有伤害，因此父母应该杜绝这样的做法。

第二，放弃对女孩外貌的评价。你的评价在她们眼中就是“low”的代名词，更不用说你的反对意见了。青春期女孩爱美，想展示自己的美，但她们绝大部分的时间是在学校度过的。在校要穿校服，人人一样。难得周末或者假期可以释放自己，女孩按照自己的想法打扮，按照年轻人的审美去尝试。这个时候，父母积极支持的态度，一句赞美就可以收获女孩愿意和你聊天的机会，何乐而不为？

只有当父母尊重、理解、支持孩子的时候，你才有机会和孩子进行良性沟通，才有机会传递正确的理念，不然就只能让位给孩子的同伴和互联网了。

第三，赞美女孩的性感，传递性感需要在合适的场合才可以展示的观念。随着女孩性特征的发育，少女性感的身材逐渐显露，家长焦虑的往往不是孩子长成了性感漂亮的女人，而是担心女孩的性感被无良之徒窥视，增加风险。这个时候就需要父母在赞美女孩性感的同时，一定要让女孩懂得只有在合适的场合才能够展现女性的性感魅力。

我们出席不同场合，需要不同的形象。性感是一种形象，需要以表现性感的妆容、衣服来体现，并且每个女孩的性感是不一样的，有的可能是嘴巴、脖子，有的可能是身材比例看起来比较性感。适合自己性感特点的妆容、衣服才是最美的，并且只有出现在合适的场合才能释放女性的魅力。如果在不适合的场合出现，反倒会让性感大打折扣，假如让性感形象随时随地展露，就会给自己带来不必要的麻烦。

理解性感是女孩成为女人的一个标志，让女孩自然地去追寻探索。在这个过程中，父母应该以欣赏、赞许的眼光，让女孩懂得性感的多样、尺度、场所，给她自由选择美丽的权利。

家有美女初长成，性感是女人展现魅力的一个侧面，我们不用把这个侧面抹杀掉，让女孩懂得多角度增加自己的魅力，在培养她们独立、自信、乐观等积极品质的同时，增加性感这个维度，何尝不是提升了女孩可以拥有幸福的能力呢？

如何引导女孩正确对待青春期的爱恋

成年人对自己青春期曾经的爱恋故事大多数记忆犹新，偶尔同学聚会还会津津乐道，这种回忆大多是人生中一段非常美好的记忆。心理学上有一种说法：“过去都是现在的序曲。”青春期发生的初恋，也不可避免地成为人生中非常重要的记忆，必然给以后的生活带来影响，有时甚至会改变我们的人生轨迹。

正因为知道这种影响如果出现在人生的关键节点有可能改变孩子的人生轨迹，所以当我们成为父母，面对青春期女孩的爱恋问题时，总是无法淡定。

另外一个让父母无法淡定的原因是，青春期孩子的爱恋，再也不像小时候，喜欢上幼儿园或者小学的那个小伙伴后，会回来屁颠屁颠地告诉父母。这个时候孩子即使说要和谁结婚，父母也会哈哈一笑，因为清楚地知道，孩子这个时候爱的表白，就是纯粹的一种喜欢，因为孩子的性腺还没开始发育，和成年人爱的表白不一样，是不包含两性意味的爱。

青春期孩子的爱恋和小时候的表白完全不一样了，他们的性腺、性激素快速发育，喜欢异性就是包含两性意味的爱恋。

这个时候，父母当然无法淡定，孩子学业重要，女孩更是要注意，一旦恋爱分心，考学可能就无望了。谈恋爱时万一冲动没把握好，女孩可就吃亏了。如果怀孕，对女孩子来说更是毁灭性的打击。因为有这么多担忧，所以绝大多数的父母是不赞同女孩青春期谈恋爱的。

作为父母，一方面，不赞同青春期女孩谈恋爱；另一方面，又知道假如女孩谈恋爱了，也是无法阻止的，只好提前做工作，有恐吓警告的，有循循善诱的，有限制行动的，有精心保护的……父母能用的“十八般武艺”估计都用上了。

这么做对一部分女孩或许是有用的，她们会一心扑在学习上，两耳不闻异性缘，自动屏蔽男女感情的事，父母对孩子这么做是欢喜并鼓励的，然而等到女孩读大学或者参加工作后还没谈过恋爱，父母又开始着急催婚。这个时候，父母是否想过，在女孩两性情感发育的关键时期——青春期，自己用过的“十八般武艺”仍然在起作用?

另一部分女孩，该恋爱的依旧会去恋爱，只不过慢慢转到地下，避免父母知道，至于结果如何只能看缘分了。最后，只能说明，父母的反对无效。

那么，如果父母不反对女孩青春期谈恋爱这件事，做到不反对也不支持，是否就是做对了？其实这个态度目前已经被越来越多的父母接受了，因为大家都知道反对无效，看起来这个态度已经是非常开明的了。

谈恋爱也是需要机遇的，并不是想谈就可以的，因为这是恋爱双方的事，所以在父母不支持不反对的态度下，顺其自然，有的女孩在谈，有的没有谈。那是否就是说，女孩没谈的，我们就不需要撬开话题和孩子聊恋爱的事了？

不论青春期的女孩是否谈恋爱，都是她们认识、看待两性情感的关键发育时期，性心理的成长在这个阶段蓬勃发展，想知道爱情是什么样子的，两性是如何相处的，底线在哪儿，荷尔蒙冲动如何控制。这些都不是父母不反对不支持的态度就可以让孩子学到的。

有多少父母有自信，自家的孩子谈恋爱或者失恋会告诉自己？我在一堂课青春期家长课堂现场问过父母，有三到四成的父母举手，有自信孩子谈恋爱后会和自己讲。

类似的问题在高一学生课堂，我也做了一个简单调查，问他们："假如你们有了喜欢的异性，恋爱或者失恋，你们会告诉父母吗？"没有一个学生举手！这说明如果早恋被父母知道，其实父母都是被动知道的。

我把结果告诉正在课堂上的父母后，他们都笑了。

后来了解到，有的孩子在和父母聊到这个话题时，会告诉父母自己的同学谈恋爱的情况，但不会说自己谈恋爱的事情。父母有自信孩子会告诉他们，大多是亲子关系不错，认为孩子经常有什么事都会和自己聊，也主动说过同学谈恋爱的事情。

这里分析一下这个有趣的现象。孩子不会说自己谈恋爱的事情，但会和父母聊自己同学谈恋爱的事情，为什么呢？难道仅仅因为爱谈论八卦，想增进一下亲子关系？父母以为孩子会和自己说同学谈恋爱的事情，就认为孩子也会和他们聊自己恋爱的事情，还没说的原因就是孩子还没有谈恋爱。

家长容易过于自信，也常常小看了青春期的孩子。当一个青春期的孩子和你说起某位同学谈恋爱的时候，这里需要提醒一下父母，他（她）其实在试探你的态度！

不信，家长可以仔细回忆一下，孩子和自己讲同学谈恋爱的时候，你的反应是什么？

如果你反问一句："你有谈吗？"孩子基本上会马上否认；如果你问一句有无影响学习，孩子会马上将话题转到学习上；如果你觉得可以使用"打太极"你来我往的方式把问题抛回去，问一句你怎么看？孩子会马上说还是学习重要些；如果你顺便评论一句，即时夹杂一点看法，孩子也马上会转移话题……

这个时期，孩子领会父母态度的敏感度会比父母强很多倍，孩子早已领会了父母真实的态度，而父母还处在迷之自信的状态中。

想引导青春期的孩子，谈何容易？

父母不要苦笑，当你明白，不是自己期望或者表现的态度在影响孩子，而是你内心真实的想法和态度在影响孩子，就容易多了。

孩子情感的发育发展，在青春期有其本身的任务和应遵循的规律。父母应顺应天性，顺势而为，只有把孩子的任务交还给孩子，才能做到正确引导。

在前面的章节，我曾说过："青春期（12岁至成年），河水丰盈（性生理成熟），河堤（性心理、性道德、性审美、性边界）进一步夯实并接受主流社会积极的性价值观，遵守性道德底线，尊重个体性边界，保留个人性审美不同，那么孩子走向幸福的人生又多了一块牢固的基石。"

面对孩子日趋成熟的性发育，"进一步夯实的河堤"有许多组成部分，爱恋是其中一块基石。父母需要放手，让孩子自己去体验，因为只有孩子才知道这块基石放在什么位置最合适。

父母能做的，是帮助孩子夯实恋爱中的性之河堤，其他就交给孩子吧。如何帮助？后面的章节会讲到。

如何帮助女孩建立爱之边界

既然爱恋是孩子筑牢“性之河堤”的一块基石，而这块基石又是需要孩子自己安放在她认为的合适位置，父母不支持不反对的态度也没有大问题，不过这块基石本身的大小尺寸和坚固程度却需要父母帮助孩子打磨。这个打磨的过程就是帮助女孩建立属于自己的爱之边界的过程。

不论女孩是否谈过恋爱，这个爱之边界的价值观都是可以传递给孩子的，这不仅仅是青春期女孩应该有的爱之边界，也是女孩成年后应该有的。

以下三个方面的重点就是父母需要传递给女孩的爱之边界。

每个人对爱都有自己的理解，也有自己不同的表达方式，付出爱的方式和期待得到爱的方式，可以说是人人不同。

你付出的爱如果恰巧是对方想要的，那就是两情相悦，但如果你付出的爱不是对方想要的，那就会产生冲突。第一个重点，当你喜欢一个人的时候，有追求对方和表达爱的权利，但没有强迫他人接受的权利，更没有伤害他人的权利。核心就是，如果你认为自己是喜欢一个人，爱一个人的，就不能强迫他，不要伤害他。

女孩喜欢一个人的表达方式，可以是写信，也可以为对方做一些事情。当一个人付出了爱，从人的本性上说，都是希望获得对方接受的，然后也进一步希望对方有表达喜欢的行动。

如果我们单纯要求女孩可以追求对方和表达爱，不能强迫对方接受，也不能伤害对方，那女孩在持续付出爱而得不到回应过程中，会产生失望、伤心、难过等负面情绪，这些情绪会伤害到自己，所以爱之边界的第二个重点是，不伤害自己。任何一种形式的失恋都是让人难过的，允许自己伤心一段时间，但不沉迷，更不要做出伤害自己的行为，不做对自己利益有损害的事情，包括不沉迷伤感情绪影响学业，不自残、不自杀。

教给女孩面对失恋最好的方法，是开阔视野，让她看到自己之外的世界有无限的风光和可能，让自己变得更优秀，可以看到更广阔的世界。

第三个重点是遵守法律底线，尊重他人和自己，掌握必要的法律知识。爱之边界需要遵守法律底线，伤害他人的行为达到一定程度是需要承担相应的法律责任的，懂得这个底线，不仅可以让女孩自律，也可以在女孩受到伤害的时候懂得运用法律来保护自己。女孩在爱的过程中做到不伤害他人，也不伤害自己，这就是善良，但善良也需要锋芒，掌握必要的法律知识就是锋芒，这个锋芒可以保护女孩的善良。

例如，小怡喜欢上了高二年级的学校篮球队队长小张。她知道小张有许多女生喜欢，每次小张打球，她都会去观看加油，也会特意为他准备水、外伤应急药物、毛巾等物品（这是小怡表达喜欢的一种方式）。小怡对小张示好，但小张没有接受，而是接受了另外一个女孩的表白，小怡觉得自己失恋了，很失落、伤心，也感到不服气。

这时候，我们假设她头脑里闪出了三个想法：（1）诋毁另外一个女孩，让小张对这个女孩产生误会而分手，然后自己有机会继续追求；（2）继续伤心，但还是要关注小张，为他付出，精诚所至，金石为开，继续表白，不行就用自残的方式强迫小张接受；（3）自己伤心，但不再关注对方，而是关注自己，小张喜欢学习好并且体育成绩也好的女孩，专注自身改变，制订学习计划和跑步计划。

这三个想法，其实正反映出我们生活中不同的女孩看待感情的不同态度，以及可能会采取的方式。

第一种想法是以伤害他人的方式，来达到自己的目的，是否如愿，结果未可知，但做出这样的行为已经伤害到他人，进而会引发伤害自己的风险，这么做不可取。

第二种想法是以伤害自己的方式，让对方内疚或者害怕离开，来达到自己的目的，结果因人而异，大多数不能如愿，但是已经先伤害到自己，同样不可取。

第三种想法才是父母期望的，女孩能够把握爱之边界，掌握底线，懂得尊重，不伤害他人，也不伤害自己。在哀伤中聚集上进的力量，使自己变得更加优秀。

爱恋基石安放的位置之所以只能是孩子自己才知道，是因为爱是一种个人的体验和感受。父母可以为孩子提供许多的物质条件，也可以给女孩无私的爱，唯独无法代替孩子体验和感受爱。家长唯一可以做的就是帮助女孩打磨好爱恋这块基石的大小尺寸，帮助女孩掌握爱之边界，其他的就交还给女孩自己吧。

如何帮助女孩建立恋爱的性边界

“春风动春心，流目瞩山林”，青春期自会有青春的萌动，会对异性产生好奇，对心仪对象会有怦然心动的感觉，但是否会真的谈恋爱，还真的不确定。青春期的孩子谈恋爱是一个概率事件，每个女孩都存在撞上缘分的概率。父母开明通达，不代表孩子谈恋爱的概率就高；父母严防死守，也无法确保孩子不会撞上缘分。这是一个随机发生的事件，不以父母的态度、意志为转移。

让父母普遍担心的，其实不是女孩谈恋爱这件事，而是担心女孩在谈恋爱时，万一把持不住发生性关系，会“吃亏”，更忧心的时，可能会造成怀孕的后果。这才是父母对女孩谈恋爱会比男孩更加紧张、焦虑的真正原因。

父母的担心是有一定道理的，青春期本来就是一个荷尔蒙奔溢的时期，再结合情感催化，男孩和女孩偷尝禁果的可能性也很大。况且这种案例也时常发生，并且往往造成了很严重的后果后，父母才知晓。对一个未成年女孩来说，怀孕是一件对她们伤害非常大的事情，父母和女孩都悔不当初。

若想避免这种后果的发生，加强女孩在恋爱中把握性边界的教育就非常有必要了。面对一个不以人的意志为转移的随机事件，父母只有懂得一些心理学知识，顺势而为，理性面对，才能够有效地避免严重后果的发生。

父母如果知道女孩谈恋爱了，态度上不能堵，只能疏。

不能堵的意思是说，父母不能表示反对，不能要求她马上分手。因为恋爱心理学有一种叫“罗密欧和朱丽叶效应”（the Romeo and Juliet Effect）的现象。这是德国心理学家德斯考尔等人在对爱情进行科学研究时发现的。他们提出：“在一定范围内，父母或长辈越干涉儿女的感情，青年人之间的爱情越深，也就是说，如果出现干扰恋爱双方爱情关系的外在力量，恋爱双方的情感反而会更强烈，恋爱关系也会变得更加牢固。”

在莎士比亚的经典名剧《罗密欧与朱丽叶》中，罗密欧与朱丽叶相爱，但由于双方家庭有世仇，他们的爱情遭到了极力阻碍，但压迫并没有使他们分手，反而使他们爱得更深，直至殉情。在现实生活中，我们也常常见到这种现象。父母的干涉非但不能阻挡恋人之间的爱情，反而使他们的爱情更坚固。父母干涉得越多，反对得越强烈，恋人就爱得越深，最终婚姻却经常是以悲剧收场的。

这种现象在青春期男女恋爱关系中表现得更加明显。因为青春期正好是人独立自主意识的心理发育关键期，孩子格外不愿让自己被人控制，一旦父母越俎代庖，要求他们遵从自己的意见，并且把意见强加给孩子的时候，孩子就会感到自主权受到了威胁，从而产生一种抗拒心理，排斥父母，同时更加喜欢自己被迫要失去的人，双方情感急剧升温，身体紧密度更高，发生性关系的可能性更大。

假如父母的目的是不想女孩感情升温，过早发生性关系，那么在行动方式上就越不能反对，越不能要求她和男孩分手，否则就是适得其反。

只能疏的意思是对已经开始的、已经发生的事情接纳，顺势而为，查漏补缺，帮助筑好“性之河堤”。因为没有任何一个女孩会想在青春期的时候怀孕，怀孕这件事是女孩本身也不想的，也可以说，父母和女孩在这一点上是可以达成一致的。只不过现实中，往往女孩在这件事情（性行为）发生的时候，不知道如何拒绝，不知道如何自控，不懂得如何避孕，甚至不知道发生性行为会怀孕……

弄清楚女孩不想怀孕却造成怀孕的原因，借鉴已经发生过的悲剧的经验教训后，父母针对性地提前查漏补缺，才能有效帮助女孩筑起“性之河堤”。

一类原因是因为女孩性知识和避孕知识的缺乏所造成的。女孩初潮到了，父母会教女孩护理，但很少会告诉她们，她有了做母亲的身体资格，在什么情况下可能会怀孕，正确的避孕方式有什么。在父母的心目中这还是个娃娃，实在难以启齿，或者以为说多错多，父母担心主动告诉孩子有关性交的知识会勾起她的好奇心，担心孩子会尝试。实际上，正确的性交知识并不会激发孩子的好奇心，反倒是色情图片和视频等不良的、充满感官刺激的信息才会刺激孩子的好奇心。

避孕有多种方式，有避孕套、口服避孕药、注射避孕药、宫内节育器等。放置宫内节育器需要专业医师的帮助才可能使用，而避孕套是我们日常生活中在超市或者药店都可以购买到的。父母需要帮助孩子了解每种避孕方式的优缺点，如有需要完全可以请教妇科医生或者计划生育方面的专业人士。

社会生活中因这种无知造成的案例不少，事后常常让人心痛。殊不知，性知识和避孕知识的缺失才是问题的关键，而父母补上这个缺口又是多么容易就可以做到的事情。

第二类原因是女孩对在未成年怀孕将会造成的身体、心理伤害后果认识不足。未成年女孩即使在发生性关系的时候，也懵懂晓得自己有可能怀孕，堕胎对身体不好，但对负面影响并没有清晰的认识，特别是堕胎对还没发育完全的女孩来说伤害很大，女孩事前根本不知道，都是等到付出血的代价后，在采取事后补救措施时才明白。甚至在采取事后措施的时候，有些女孩因害怕父母的责罚而求助黑诊所，置自己的生命于不顾，酿成惨剧。让人痛惜的是，原本父母也可以轻易地帮助女孩掌握这部分知识，即使对具体知识点不清楚，若稍微用点心请教一下医生，也可以完全把这部分缺憾补上。

第三类原因常常是女孩原本没有想发生性关系，在仓促情况下不懂得拒绝，被动导致后果的发生。这里涉及女孩内心缺乏身体性自主权意识，没有勇气把自己真实意愿表达出来。这个问题不是一朝一夕造成的，而是长期性教育缺失或者错误的教养方式造成的。追溯以前对父母而言毫无意义，只能正视客观情况，建议父母重新翻看之前的章节，对照自省，从生活的各个方面加强女孩身体性自主权意识的培养，尊重女孩，允许她们表达，给女孩锻炼勇气的机会，勇气才会慢慢积累起来。

发生一件大家都不希望发生的事情，原因往往是多种的。理性面对现状，不论女孩是否有谈恋爱，青春期的性边界底线教育都需要父母尽力做好，把对女孩可能造成的伤害风险降到最低。做好这部分的底线教育，帮助女孩夯实“性之河堤”的性边界，才能让女孩健康成长。

和女孩聊聊，在恋爱中碰到哪种情形一定要拒绝

我们无法预知女孩什么时候会开始一段恋情，但可以提前找个机会和女孩聊聊，提醒女孩在恋爱中假如碰到这样的情形，一定要拒绝。假设一个开场白吧。

父母：“我们不反对你谈恋爱，因为恋爱是美好的，随缘。我们想啰唆几句，因为父母爱你，不愿意你在恋爱中受伤，假如在恋爱中对方提出这样的要求，记住，这不是爱的表示，一定要拒绝。”

父母酝酿和预订好开场白之后，就可以和自家的女孩聊啦。

青春期的恋爱是纯真的，但也是缺乏理性和自控力的，男孩、女孩处在恋爱中又常常是“当局者迷”，父母即使是“旁观者清”也无能为力。旺盛的荷尔蒙常常冲破还没完善的“性之河堤”，导致还未成年的男女之间过早发生了性关系，这是养育女孩的父母特别不想见到的。

面对恋爱中的性冲动，大多数男生会是主动的一方。父母首先要表明态度，希望女孩成年前不要和男朋友发生性关系；其次，提醒女孩假如还没有做好和男朋友发生性关系的思想准备，约会的时候就应该选择去公园、商场、电影院、书店等公共场合，尽量避免单独和男朋友去一个封闭的空间，不要单独去男朋友的家里，不要和男朋友去酒店开房休息，不要单独和男朋友假期旅行，等等。因为在一个封闭的空间里，当男朋友提出性要求的时候，他已经先入为主地认为："你同意和我到这个地方了，那就是同意和我发生性关系。"女孩可能还没想好，或者压根没打算和男朋友发生性关系，但在这样一个空间里，女孩能够拒绝的空间、环境、底气会被压缩，往往半推半就发生了性关系。

另外一种情况是，当女孩开始明确拒绝时，有的男孩可能会说出："你不愿意就是不爱我了。"因为正处在情感浓烈当中，为了表示自己的爱就同意发生性关系了。也有的男生在女孩拒绝自己的性要求后，还可能会有进一步的软威胁行为，号称女方既然不爱自己，那就分手吧。请格外提醒女孩，这不是男孩对她爱的表现，这是一种情感勒索行为，是一种控制对方的行为，更是一种自私自利的行为。这不是爱。

爱是真正会为对方着想，愿意付出时间等待的，不是爱，分手又如何？鼓励女孩更加勇敢一点，懂得拒绝，才能为自己赢得真正的爱。

青春期恋爱，随着感情升温，两个人之间会有许多私密互动，男女之间通过互联网和智能手机互动聊天是非常普遍的事情，并且男孩和女孩都会互发一些涉及性的私密文字和私密照片，包括一些色情文字图片或者自拍裸照。他们往往以为这是他们之间的私聊，是二人之间的秘密，却并没有意识到，包含性的私密文字和照片一旦通过网络扩散，影响就不是人为可以控制的了，在目前的现实生活中，对女孩的伤害也是空前的。

接触到这么一个案例：小刚（男，15岁）和小玲（女，14岁）是初中同学，二人发展为恋爱关系，假期通过QQ和微信聊天、沟通，互发了自拍半裸体照片，表示思恋之情。一段时间后，二人分手，但小刚还保留着小玲的一些半裸体照片，某日无意被好友分享在铁哥们群，随后开始扩散，之后，这些照片在同年级的同学之间疯转，小玲无法承受，最后导致抑郁而退学。

类似的案例网络上曝光了很多，也有更恶劣的，男生利用女孩的裸照进行威胁达到其他目的，导致女孩做出了极端的行为。

俗语就有“好事不出门，坏事传千里”的说法，这类照片本来就符合人们的猎奇心理，通过互联网的传播更有加倍放大的作用。假如自家女孩发了裸体照片给对方，或和恋人一起自拍了裸照，一旦在互联网曝光，父母光是想想，都会觉得后脊发凉，对女孩以及其家庭都会是一场可怕的噩梦。

所以，请父母一定要提前告诫女孩，任何时候任何人，甚至包括女孩以后的老公在内，要求拍裸照，都应该坚决拒绝。除非自己已经想好并接受公开后的后果。

女孩在深爱之下信任男友的时候，往往以为不会发生这样的事情，忽略或者对互联网的传播威力认识不足，对后果的严重性也欠考虑。不论女孩是否在青春期谈恋爱，父母都需要提醒并告诉她们，恋爱中一旦出现问题，都可以向父母求助。

最后，假如已经发生了女孩裸照被曝光的情况，父母需要先保持理性，首先选择报警，要求网警删除有关照片，消除持续扩散产生的影响并追究有关人的法律责任。其次，不要责骂女孩，因为她已经处于高度压力之下，或者处在崩溃的边缘，她需要的是爱和支持！父母要和女孩站在一起，帮助她度过最难过的日子，并时刻关注女孩，以防女孩做出自杀等不理性的行为，必要时，寻求专业的心理帮助。

和女孩讨论一下
裸体色情和裸体艺术的区别

父母如果担心青春期孩子被色情的文字、图片、视频等所吸引，严防死守也是一种策略，但现实情况却常常是防不胜防。大众媒体相对受控，但互联网的普及，让这些色情信息变得随处可见，孩子如果对充满色情的裸体图片和视频没有一定的辨别能力，很容易沉迷其中。

裸体不只在色情行业中常见，在艺术特别是绘画艺术中更是常见。裸体绘画是绘画领域一项基本功的练习，成为经典艺术人物的男女裸体形象更是数不胜数。

有的父母对裸体艺术抱有偏见，把裸体艺术一并归入色情一类，认为“伤风败俗”，甚至对学校的一些艺术教学活动也持有异议。

实际上，父母的反对和禁止不但没有起到预期的效果，反而会进一步激起孩子对裸体的好奇心。当正面裸体艺术鉴赏受阻时，孩子会转而在网络上找到裸体色情信息，满足自己的好奇心。

有的父母心里清楚裸体可以是艺术的，也可以是色情的，认为成年人分辨尚且要想一想，对于辨别力不高的青春期孩子，只能严防死守，实在是不相信他们的自控能力。

父母的担心有一定道理，但问题是我们对孩子可以接触到裸体色情信息的渠道，真的可以做到360° 无死角的防护吗？即使我们做到360° 无死角的防护，孩子也总有一天要走入社会，还是会接触到色情信息，难道他会一下子就拥有辨别力了吗？

裸体本身是一种生活中的客观存在。当裸体作为色情文化传播时，它会着重挑起或激发人的性欲，刺激人的感官感受，使观看者产生性兴趣、性兴奋、性欲望；而当裸体作为艺术文化传播时，它着重唤醒人对美的感受，对情感的共情，成为人文历史中的超越性欲望的艺术品。

色情和艺术都有一个共同的基础——对人体裸体的再加工。这个再加工后所呈现的作品最后给人的视觉感受和意义是不一样的。

我们要让孩子锻炼自己的辨别力，增长他们的见识和兴趣审美，特别是面对裸体，可以辨别什么是色情，什么是艺术，提升对裸体艺术的审美水平，也就自然增强了抵抗色情诱惑的能力。

父母无法给孩子自己没有的东西，特别是对裸体艺术的审美。分辨这其中的差别，需要家长提高自己的性审美修养，假如父母也同样还不具备，不如放下成见，寻找资料和孩子一起学习讨论。

我在一堂初三学生的性教育课上和大家分享裸体在色情和艺术上的鉴别，从网上搜索了几张常见的裸体色情图片，也相应找了一些人像裸体绘画经典作品。一组组让孩子们对照看，请他们说出二者之间的异同。

学生们分析到的相同点有：都是成年女性、裸体、乳房丰满等。

第一次鉴赏的学生们找出了许多不同点，让我也非常意外。学生们找到的不同点包括：

色彩不同，色情图片背景灰暗，颜色诱惑；经典绘画作品色彩明亮，感觉舒服。

眼神不同，色情图片人物眼神表情都比较迷离，充满诱惑的意味；经典绘画人物中有的眼神纯净，有的眼神忧郁，有的眼神充满希望。

比例不同，色情图片中人物的屁股弯曲角度特别突出；经典绘画人物屁股位置和人体比例看着是和谐的。

意境不同，色情图片总体看着比较低级，以引诱为主；经典绘画裸体作品的每一幅表现的意境都不一样，有生命力的彰显，有对生活困苦的忧郁，有对希望和力量的表现……

父母们会不会被十几岁孩子的对比分辨能力惊到？有时候我们实在是小瞧了孩子对美好事物的鉴赏能力，过分过滤不良信息，消减了孩子的自信，也消减了孩子的抵抗力。

提高对经典艺术作品人物裸体（特别是女性裸体）的鉴赏可以增强女孩对自身女性身体接纳的认同感，而对女性身体自我接纳是女孩身体性自主权意识、性平等意识培养的基础。

另外，父母也不可小瞧色情信息对青春期孩子的诱惑力。色情信息以调动和刺激人的感官为目的，使观看者产生性兴趣、性兴奋和性欲望，青春期孩子正处在性腺发育旺盛的年龄阶段，对充满诱惑的信息难免会抵抗不住，也容易沉迷其中。

虽然父母们没必要严防死守，但放任不管也是不可取的。

在家庭中父母做好绿色上网设置，和孩子制订对智能手机的使用约定并监督遵守，关注孩子所玩游戏、经常浏览的网站里面是否有色情信息并加以筛选，进一步加强关于孩子的性道德、性隐私观念的教育。这些都是有利于培养孩子抵御色情信息的做法。

父母和孩子一起坦然面对裸体这个客观事物，理解它不同方向和意义的解读；一起培养对裸体艺术正面意义的鉴赏能力，增强对色情图片的抵抗能力。

艾滋病等性传染病的
基础知识和防护途径

艾滋病及其防治工作近年来因为国家重视，宣传力度加大，家长和青春期的孩子都有一定的了解。根据国家卫健委疾病预防控制中心2019年公布的数据来看，从统计的新感染人数人群年龄分析，新感染情况呈现明显的“两头翘”趋势。所谓两头即指学生和老人，而新感染的学生几乎全部是通过性途径传播感染，年龄分布主要在15～24岁。另外，对学生防治其他性传染病方面的知识普及相对更少一点，总体形势仍旧不容乐观。

现实中，父母对这部分的疾病往往认为，那些都是别人家孩子的事情，我家孩子是不会有的。正是这种侥幸的心理，以为孩子不懂也无所谓，而孩子确实不懂，风险却存在，在某些父母无法掌控的条件、环境之下，孩子酿成悔之莫及的后果。

父母在这方面的预防教育多费点心，就可以大大降低孩子被感染的概率。

在和孩子聊到艾滋病和其他性传染病这个话题前，家长需要以尊重的态度告诉孩子，父母对未成年人发生性行为的价值观和态度。父母可以表达和传递自己的性价值观和态度，但不能强迫青春期的孩子完全接受和遵守，只能是增加孩子们的见识和认知，把这些内化成他们自己的自控能力。

父母首先需要表达自己的态度，是赞同孩子在成年之前发生性行为，还是希望孩子待以后拥有一段成熟的恋爱关系后，再决定是否发生性行为。之后就可以借此机会和孩子谈谈避孕（参见前面的章节）、预防艾滋病以及其他性传染病的事情了。在和孩子谈之前，家长需要提前了解一些预防艾滋病和其他性传染病的知识，做好准备工作后，再和孩子交流。

我们需要让孩子重点了解艾滋病和其他性传染疾病的传播途径、危害程度、预防方式。

1975年，世界卫生组织把性病的范围从过去的五种疾病扩展到各种通过性接触、类似性行为及间接接触传播的疾病，统称为性传播疾病（Sexually Transmitted Diseases,STD）（以下简称“性病”）。并根据疾病的传染性和严重程度，分为四级，一级性病：艾滋病；二级性病：梅毒、淋病等九种；三级性病：尖锐湿疣、生殖器疱疹等十二种；四级性病：梨形鞭毛虫病等五种。

艾滋病又名获得性免疫缺陷综合征（AIDS），是一种对人体危害非常大的疾病，主要通过血液、性接触、母婴三种途径传播。

另一些性病如梅毒、淋病等对人体健康的损害是多方面的，感染性病后如果不能及时发现并彻底治疗，不仅会损害人的生殖器官，导致不育，而且有些性病还可损害心脏、大脑等重要器官，甚至导致死亡。

在了解关于艾滋病和主要性传染病的基础知识之后，以下几个方面是需要重点传递给孩子的：

（1）许多性传染病（包括艾滋病）都是通过无保护的性交或性接触传染的，口交也会传染。

（2）性传染病、艾滋病有明显的高危人群。在社会人群中，卖淫嫖娼、性伴侣多的人，发病概率明显高于一般人，因此将其称为高危人群。

（3）正确使用避孕套只能提供一种相对安全的保护方式，洁身自好才是预防艾滋病等性传染疾病的最好的保护方式。

（4）没有必要恐慌，艾滋病和其他性病并不会通过普通人际交往接触而传染。

（5）怀疑自己得病的时候，一定要向正规医疗机构寻求帮助。

虽然并不是每一例艾滋病或其他严重性病感染者都是通过不洁性行为感染的，但起码我们应该教会孩子掌握基本知识，男孩也好，女孩也好，不心存侥幸，应对这些疾病存畏惧之心，只要洁身自好，就能极大降低被感染的概率。

第六章

培养女孩的自我保护意识和能力

章节寄语：

培养女孩的自我保护意识和能力是每位父母操心的头等大事，为何越保护越柔弱？如何才能真正教给女孩这一意识和能力，在这章中，父母们会找到正确的方法。

父母在家庭防性侵教育中常犯的几个误区

养育女孩的家庭大多数比较重视预防性侵害的教育，会在日常生活中时不时对女孩发出一些警告，完全没有一点预防性侵害教育意识的家长占极少数，但因为家长在预防性侵教育中常常存在误区和偏见，所以导致预防性侵害教育偏离了方向，没有起到什么作用，有时还帮了倒忙。

误区一　不要和陌生人说话，不要去陌生的地方

父母常常警告未成年女孩，特别是年龄比较小的女孩，不要和陌生人说话，不要自己去陌生的地方。这些警示对防止女孩走失等意外或许能起到一定作用，但是否对女孩预防遭受性侵害起到主要作用，我们不要被媒体曝光的女孩被陌生人骗走强奸的案例带偏了认识。

我们从三个方面的数据统计来看：

一个数据来源是龙迪教授的《综合防治儿童性侵犯专业指

南》，70%～90%性侵犯者是儿童认识并信任的人。

一个数据是根据近几年来中国少年儿童文化艺术基金会女童保护基金（以下简称“女童保护基金”）颁布的《年度性侵儿童案例统计及儿童防性侵调查报告》中指出，性侵犯者和儿童之间是熟人关系的比例为60%～85%。

最后一个是我工作实践接触到的性侵未成年人刑事案例四年的统计数据分析，性侵犯者和儿童之间是相识关系的比例达到80%～92%。

我想，家长从这三个不同维度的数据统计中，应该可以得出一个结论，对未成年人（18岁以下）进行性侵的大多数是熟人，也就是说，发生的性侵案件中这些性侵犯者大多数就是我们身边认识的人。

这个时候，父母还觉得警告孩子只要不要和陌生人说话，不要去陌生的地方就能够起到预防性侵教育的主要作用了吗？

父母们可能又要纠结了，警告孩子要防备熟人，怎么可能做得到？当我们知道性侵犯者大多数是儿童认识的熟人这个现实情况后，并不是让父母在预防性侵犯的教育中，单纯警告孩子去防备熟人就可以了，而是要纠正我们以前不起作用的或者片面的方法，采取正确的预防性侵犯教育措施。

如何做？这一点我们将会在后面讲到。

误区二　女童才会遭受性侵犯，男童不会，并且女性不可能成为加害者

在这里，我想给家长们看三组数据：

一组数据来源于龙迪教授的《综合防治儿童性侵犯专业指南》，《世卫组织全球预防暴力状况报告》指出，每5名女性中就有1名，每13名男性中就有1名遭受过性侵。

一组数据是根据近几年来“女童保护基金”颁布的《年度性侵儿童案例统计及儿童防性侵调查报告》中指出，女童遭受性侵的比例在90%以上，男童遭受性侵的比例为5%～10%。

最后一组数据是我自己在工作实践中接触到的性侵未成年人刑事案例统计数据分析，女童遭受性侵比例达90%以上，男童也存在遭受性侵的个案。

我想，家长们也从这三组数据中得出一个结论，遭受性侵的绝大多数是女童，但也有男童。另外，性侵犯者的性别大多数是男性，也有多人作案中女性参与的情况，一般是起协助的作用，但网络上也有曝光成年女性性侵男童的个别案例。

大多数情形是需要我们花主要精力去做预防教育，但少数情形也不可忽视，做到全面的预防性侵教育才是正确的。

误区三　遭受性侵和女孩衣着暴露性感有关，所以要教育女孩不要穿暴露性感的衣服

不论是韩国电影《熔炉》，还是中国电影《嘉年华》，都反映了家长们的一个认识误区：女孩遭受性侵是因为她穿得漂亮了、性感了，但事实上，女孩遭受性侵时和她穿什么衣服一点关系都没有！性侵犯者做出性侵行为只和他自己的行为选择有关，被害人当时穿什么根本影响不到他！比利时曾经举办过几届特殊的展览，今年也举办了，展览主题是“What Were you Wearing”，展出18位女性在遭受性侵害时穿的衣服。这些衣服再普通不过，并没有特别暴露、性感，就是我们日常所穿的衣服，T恤、衬衣、毛衣、裙子、牛仔裤……

对被害人穿着的指责，就如同我们会在案件发生后指责女孩和人约会，吃了性侵犯者给的零食，回家太晚一样，是受害者过错有罪论的偏见所致，也导致我们在预防性侵教育中偏颇了方向。

误区四　年轻漂亮的女性才更容易遭受性侵

是否年轻漂亮和容易遭受性侵没有任何关系。统计表明，遭受性侵的年龄跨度，从几个月的婴儿到七八十岁的老人都有；从性别上看，女性占多数，男性也有。性侵犯者选择性侵对象，特别是针对十八岁以下未成年女孩的性侵，不是因为女孩年轻漂亮，而是因为这些女孩容易下手。性侵犯者只会挑选

可以并容易下手的机会。

请父母们不要责怪女孩漂亮，这不是理由。

误区五　“裸聊”没有身体接触，不算性侵

大部分父母对网络性侵行为了解不多，父母假如不经常上网，可能都不知道网络上有“裸聊”这回事。裸聊算是色情行业中的一个种类，通过网络开始，裸聊开始没有身体直接接触，但随着情况发展，有的犯罪分子直接通过网络走向儿童色情业，有的走向线下实质性侵，不论哪种情况，最后带给女孩的是实质的身体和心理伤害。

儿童首次上网的年龄越来越早，根据网络数据调查，我国儿童首次接触互联网的年龄集中在6～10岁，比例高达到60%以上。儿童第一次接触网络的年龄也呈低龄化趋势发展，这就意味着儿童遭受网络侵害的风险不断加大，其中就包括儿童色情和网络性侵的风险。“女童保护基金”在2018年颁布的《年度性侵儿童案例统计以及儿童防性侵教育调查报告》中特别提示，网络性侵值得警惕。

在儿童色情产业中，儿童被害人的主体是女童。罪犯主要在网络上通过“童星招募”“网络游戏”“网上检查身体”“高薪工作”等方式诱骗未成年女孩在线拍摄和发送裸照。罪犯通过交友软件进行视频裸体聊天，让女孩做出性交等淫秽动作，这些已经成为儿童色情产业中的一环。

向儿童传递色情图片或者视频，在线对儿童进行性诱惑，要求儿童在镜头前面脱衣服、裸露隐私部位，做出不雅动作，甚至要求其录下来，制作色情图片和视频保留或在网上传播，等等。这些虽然都没有身体上的接触，但都属于对儿童的性侵犯行为，在现实生活中往往对女孩造成极大伤害，父母不能在这里留下预防性侵教育的空白。

因为我们在日常生活中看待性侵事件时存在各种各样的偏见，所以在针对女孩预防性侵教育中也常常会走入歧途。正确理解什么是儿童性侵犯，才会对性教育有实际的帮助意义。

怎么理解儿童性侵

根据《联合国儿童权利公约》，儿童是指18周岁以下的任何人，包括我们平常所说的“儿童”和“青少年”。18周岁以下也是法律意义上的未成年人，都需要成年人的保护。

对于“儿童性侵犯”，世界卫生组织给出的定义是：“尚未发育成熟的儿童参与其不能完全理解，或无法表达知情同意，或违反法律，或触犯社会禁忌的性活动。对儿童进行性侵犯的可能是成人，也可能是年龄较大或相对比较成熟的其他儿童；他们相对于受害者在责任、义务或能力方面处于优势地位。”

国务院妇女儿童工作委员会在2014年颁布的《儿童暴露伤害预防与处置工作指引》中对“儿童性侵犯”也有定义。包括两类行为：一类是《中华人民共和国刑法》（以下简称《刑法》）规定的性犯罪行为；一类是《刑法》没有规定但是侵害儿童性权利、危害其身心健康的行为。

不论是我们的主观感受，还是实际案件数据统计，儿童性侵犯案件中，被害人是女孩的案件占大多数，所以养育女孩的父母对这部分应尤为关注。

儿童性侵犯是针对儿童的性犯罪行为，“主要包括强奸，猥亵，引诱、容留、介绍儿童卖淫，组织、强迫儿童卖淫以及向儿童传播淫秽物品等危害儿童身心健康的行为。”这类案件被媒体曝光的相对较多，性质比较恶劣，家长们会比较在意，平时也会格外叮嘱女孩多注意。

对于《刑法》没有规定但是侵害儿童性权利、危害其身心健康的行为，有哪些呢？家长们常常有疑惑，什么样的行为属于这类儿童性侵犯行为呢？

第一种是指性侵犯者没有进行武力强迫，但利用“在责任、义务或能力方面处于的优势地位”对儿童进行了性活动，即使是自愿的，也属于性侵犯。比如引诱已满十四周岁不满十八周岁男童进行猥亵；引诱或者利用其他方式让年满十四周岁不满十八周岁女孩自愿与他人发生性关系而受到伤害的情形。因为法律对强奸罪和猥亵儿童罪有明确的规定，这类情形不属于刑法意义上的性犯罪行为，但不论是对未成年男孩还是未成年女孩都会造成心理伤害。这类案例中，表面上看，儿童（14～18岁）是自愿的，实际上性侵犯者犯者常常利用自己优势地位，使用一定的心理操控术，往往对被害人的心理造成不可磨灭的伤痕。

第二种是指虽然没有身体接触，但针对儿童做出的，或

让儿童卷入了无法判断的性活动，属于性侵犯行为。这些行为因为情节或者其他原因，没有达到《刑法》意义上的性犯罪行为，对儿童的身体不一定有直接伤害，但一样会对他们造成心理上的伤害以及身体上的间接伤害。比如媒体曾经曝光的“恋童癖”案件中，向儿童暴露生殖器，引诱、怂恿或强迫儿童观看色情电影等淫秽物品或者让儿童观看成人性活动，偷看儿童洗澡、上厕所、换衣服，让儿童裸露隐私部位，做出性意味的动作，引诱儿童参与色情活动，等等。这些行为，性侵犯者都没有和儿童的身体直接接触，但对儿童的心理以及身体发育都会造成不良影响，伤害在所难免，家长们不可大意。

第三种是指发生在儿童之间的彼此同意的性活动，这种情况需要具体分析，有可能是性侵犯，需要父母留意。我国刑法规定，犯强奸罪负刑事法律责任的年龄是十四周岁，其他的性犯罪负刑事法律责任的年龄是十六周岁。对还没达到负刑事责任法定年龄的未成年人之间发生的性活动，可能是性侵犯行为，常常有年纪较大孩子利用一定年龄优势对更小的儿童进行性侵犯。

年龄较小的未成年人在心智上还没有发育成熟，是性侵事件中弱势地位的一方，是需要家长的保护和照顾的。年幼的孩子即使表示同意，也依然对自己的行为并没有清晰的认识，不具备相关知识，无法判断后果，所以加害者的行为也属于性侵犯行为。

第四种是指，女性虽然大多数的时候是儿童性侵犯事件中的被害人，性侵犯者大多数是男性，但在少数案例中也出现女性针对儿童的性侵犯。比如，媒体上常常曝光的校园欺凌事件中，就有女孩欺凌弱势女孩，对其拍摄隐私部位以达到羞辱的目的，这也是一种性侵行为；也有女性利用自己的优势地位诱骗男孩参与一些性活动。这些都会对当事人心理上乃至身体上造成较严重的伤害。

在比较全面了解儿童性侵犯的定义和种类后，我想家长们应该更加明确，女孩确实比男孩更容易成为儿童性侵犯事件中的受害者。尽我们所能，帮助女孩提升避免性侵犯的意识和能力，是每一位养育女孩的父母的责任。

女孩遭到性侵，
因为是熟人才没有第一时间告诉父母吗

曾有媒体曝光极个别教师利用自己身份上的优势地位，性侵多名小学生，被害人大多是7～14岁的女孩，时间一般长达半年，有的甚至更长。在我的工作实践中，也有类似的案件，其中的一个案例就是一名课外辅导老师猥亵多名被害人。

4名8～10岁的女孩在暑假和周末上课外兴趣培训班，被培训班的辅导老师以单独辅导为名，分别带4名女孩到独立办公室进行猥亵，时间长达8个多月，后来其中一名小女孩想了很久，才鼓起勇气告诉其母亲，之后案发。

当时我接触该性侵案件被害者的父母时，指出他们忽略了对女孩预防性侵方面的教育，父母们觉得很委屈，说平时家教很严，也非常注意对孩子的性教育，多次叮嘱过孩子要注意这方面的防范，但就是搞不懂为什么孩子在第一次遭受性侵的时候不说，以至于受到那么长时间的侵害。对此，被害人父母深感疑惑和自责。

后来，我在工作中梳理了一些性侵未成年被害人的刑事案件，发现有相当一部分年龄在7～12岁的未成年被害人，在遭受第一次性侵时是没有告诉父母或主要抚养人的，持续遭受多次性侵，直到案发。

追溯案件发生之初，未成年被害人对第一次被性侵时的情景印象深刻，陈述过程清楚，被害人在身体遭受侵犯时，内心本能意识到这种行为的不当性，感觉到一定的羞耻。在回答"为什么当时没有告诉父母或家人"这个问题时，她们的回答一般有以下几种情况：

（1）怕，不敢告诉；

（2）担心父母责骂，不敢告诉；

（3）父母会认为我说谎，不敢告诉；

（4）不懂，不知道要告诉；

（5）犯罪嫌疑人哄骗或者威胁，不敢告诉。

被害幼女回答这个问题，答案出现最多的是"不知道"和"不敢"这两个词。

这样不幸事件的发生，在父母眼中或许是小概率事件，但一旦发生就要承受100%的伤害，并且针对幼女（未满14周岁）的性侵行为，大多数是熟人所为。

另外，追溯犯罪嫌疑人（熟人）性侵幼女时的一些情形，他们基本上都有长时间接触性侵幼女的机会。犯罪嫌疑人在第一次性侵行为之前，经常会有试探性的身体接触行为，之后才会发生实质性的性侵行为（包括猥亵和强奸行为），并且直至案发才会停止。

绝大多数父母在得知事件发生后表示惊愕，甚至无法接受，往往以为犯罪嫌疑人肯定是采取了威胁、强迫等手段强行对幼女进行了性侵犯，面对女孩时一副“恨铁不成钢”的样子，责怪她为啥不早点说出来？

事实上，大多数案件中，犯罪嫌疑人并没有使用什么武力威胁或者强迫的手段，而大多使用诱骗、小恩小惠、特别关照等手段，然后寻找机会下手，事后会对性侵对象说：“这是小秘密，这样的事情不能让人知道”等类似的话，或者什么都不用交代，持续对孩子进行性侵行为。

分析犯罪嫌疑人对幼女进行长时间性侵的一些案例，有这些特征：（1）性侵犯者和被性侵对象都是熟人关系，有接触的机会或能够制造接触的机会；（2）性侵犯者会找理由故意接近，会对有身体上的接触并有一个试探的过程，主要目的是破坏性侵对象对自己身体边界感的敏感度；（3）会制造一些机会和性侵对象单独相处并视情况继续破坏目标对象的身体边界感或者直接进行性侵行为；（4）在多次性侵过程中利用优势地位对性侵对象进行心理上的控制，包括哄、诱、骗、装、吓等多种方式；（5）被害幼女有时会因身体上受到伤害而被家长发现，也有部分没有身体上的伤害。

我想请家长们思考一下，被害人的年龄大部分集中在7～14周岁，是正在读小学或刚刚升入初中的女孩，有一定的认知能力，是什么原因导致她们在最初遭受性侵犯时，没有说出来？

只有了解这类案例发生的特征，从不幸案例中总结教训，深入分析被害幼女说“不知道”和“不敢”的背后原因，我们才能找到相应的策略和方法，有针对性地对女孩进行预防性侵犯的教育。

当被害女孩回答“不知道”的时候，我相信家长们都意识到，这个女孩缺乏的性教育是全方位的。

当被害女孩回答“不敢”的时候，我相信家长们也意识到，这个女孩的性教育在什么地方肯定出了问题。

我们先谈第一个最让家长们困惑的问题，就是当性侵犯者可能是“不确定的熟人”时，面对这种情况如何教孩子防范？

根据国内外相关研究显示，这些性侵犯者“大多数是儿童认识、熟悉或者信任的人，甚至就是儿童的家人。也就是说父母、继父母、亲戚、兄弟姐妹、朋友或朋友的家人、保姆、邻居、家人的朋友、老师、教练、网友，心理咨询师、宗教人士以及其他有机会接触儿童的工作人员都有可能成为儿童性侵犯者。”（《综合防治儿童性侵犯专业指南》，龙迪教授著）

这一研究结果，家长们都困惑了，怎么教？

如果说让家长们都带着有色的、怀疑的眼光去分辨身边熟悉的人，然后根据自己的怀疑和判断再对孩子说：“离这个人远点”，不光家长们会变得神经兮兮、不知所措，连孩子都会变得不知道该如何生活，更会让一些真心喜爱孩子的人产生误会。

当性侵犯者被曝光后，家长们关注的是他的身份，和孩子的关系，自责平时怎么就没看出来。对于这一点，其实家长们不用自责。因为即使是我这个办理过许多性侵案件的检察官，在见过众多不同职业的儿童性侵犯者后，在儿童性侵犯者曝光之前，我也同样无法判断。

所谓“人心隔肚皮”，加上儿童性侵犯者往往又特别会隐藏和伪装，我们自己很难根据这个人的职业、相貌、外在品德等做出判断，他是否是一个潜在的儿童性侵犯者。那么，究竟该如何教育孩子呢？

其实，之所以这个问题让父母们这么纠结，是因为父母们关注的点错了。在性侵事件发生之前，父母大概无法预先知道，但孩子肯定会知道。因为孩子才是那个直接接触性侵的人，只有她才能够最早判断出来。

关键就在于我们怎么教孩子分辨？也就是说我们要教会孩子的是，如何区分身边的人对待我们身体的方式是好还是坏？虽然对孩子进行预防性侵教育的重点对象是“不确定的熟人”，但孩子应该学习分辨的是“熟人的行为”，而不是“熟人的身份”。

对孩子进行预防性侵教育正确的方式是：“假如任何人（熟人或陌生人）对你的身体做了性侵意味的行为，让你觉得不舒服，要记得回来马上告诉父母，做这样事情的人是坏人，坏人的秘密不应该保守。”这才是家长们应该教会孩子的第一个预防性侵犯的意识。

如何判断“性侵意味的行为”？下一节再讲。

如何让孩子了解什么是“性侵意味的行为”

让孩子了解什么是“性侵意味的行为”，不是告诉孩子这句话就可以了，我们需要按照孩子得年龄、成长规律、认知水平来循序渐进地培养和教育。

根据“女童保护基金”颁布的《年度性侵儿童案例统计及儿童预防性侵调查报告》4年有关数据统计，7岁以下的被害女孩占比是在16%～22%；7～14岁被害女孩占全部被害女童的比例高达50%～80%。

性教育应该从零开始，预防性侵犯教育应该从孩子离开家庭走入集体生活开始。一般情况下，父母会在孩子3岁后送其去幼儿园，3～6岁的幼儿在幼儿园生活、学习，这是孩子离开父母，走向社会的第一步，也是幼儿脱离父母监管看护的第一个阶段。即使家长选择了完全可以信赖的幼儿园，对孩子的预防性侵犯教育也应该开始了。这个时期的预防性侵犯教育，应掌握以下几个要点：

（1）需要帮助孩子学习认识身体，懂得性器官是个人隐私部位，是需要爱护的。明白在户外、幼儿园以及家里的公共区域，如客厅、厨房、阳台等地方不可以赤身裸体。

（2）多和孩子聊天，保持每隔一段时间询问孩子，有无其他人触碰到她身体的隐私部位，同时，反复告诉孩子如果有大人触碰隐私部位并觉得不舒服，记得回来一定要告诉父母，不管这个人是谁。

（3）帮助孩子建立身体边界感，具体参见“女孩的身体边界感是她安全意识的起点”这章的内容。

孩子上幼儿园，刚开始脱离家长的监管，进入社会环境，孩子的日常生活主要还是和父母在一起，因为孩子心智发育不成熟，预防性侵教育主要需要父母来承担。若孩子对什么是性侵无法理解，则也就更无法理解什么是“性侵意味的行为”。

这需要家长多关注孩子在脱离自己监护时间的活动情况，主动了解，多点和孩子聊天，并有意识地问几句，是否有人触碰孩子隐私部位的异常情况，由家长来判断这是否属于“性侵意味的行为”，然后再采取措施。

另外，家长还需要教会孩子认识身体隐私部位、树立隐私空间的概念，需要对孩子的身体自主权意识、身体边界感进行启蒙。这是孩子习得如何自我保护意识和能力的核心基础。

孩子7岁时，已经进入小学学习，成长开始越来越脱离父母的视线和监管，踏入社会的时间越来越多，父母又觉得孩子距离青春期还远，所以往往会忽视这个时期的性教育。但请父母们记得前面那个年度统计数据，“7～14岁被害女孩占全部被害女童的比例高达50%～80%”。也就是说，这个年龄段其实是最容易遭受性侵伤害的。

没有身体边界感，没有性的隐私权概念，对“隐私部位不可以随便让人触碰”都不知道，这是缺乏最基础的身体自主权意识。假如错过了幼年早期的性教育，那么让我们现在开始补课吧。

孩子上小学后，认知能力开始飞速提高，家长意识到要补课，教给孩子人体性生殖器官、性生理卫生等知识。虽然这些都比较容易做到，但需要父母付出耐心的，是建立孩子内在的身体自主权意识、身体边界感、隐私权意识。这些价值观不是家长说一次、教育一次就可以让孩子马上消化并内化到孩子的心里，需要循序渐进。

在日常生活中，我们和孩子之间、孩子和孩子之间有握手、拥抱等正常的身体接触，或许会不小心触碰到隐私部位，但一般自然的反应都时很快离开。假如在正常身体接触过程中，有人在自己身体某个部位特意停留的时间比较长，被接触的人是有身体上感觉的，心里有时还会“咯噔”一下，感觉怪怪的，心理上也会对这个时间特别长的身体接触记忆犹新，而女孩对这方面其实是有天然的敏感性，不同的是，有的孩子可能会说出来，有的孩子可能一闪而过，忽略掉了。

若要培养女孩预防性侵，提高自我保护意识，就需要我们帮助孩子明确正常的身体接触和不正常的身体接触的区别并告诉孩子，如果是大人做出的，即使是轻微的、让人感觉不舒服的身体触碰也尽可能远离；如果是同龄小朋友，要明确说："你这样抱我让我不舒服，请不要这样！"无论对方是大人还是小伙伴，只要有这种感觉，事后都要马上告诉父母，由成年人来判断。

针对低年级的小学生，我们可以在家庭或者学校一起通过玩游戏的方式，让孩子明确哪些身体接触是让自己感觉不舒服的。可以由大人、孩子模拟一个日常生活的场景，如一个搭肩的动作，正常让人觉得舒服的搭肩方式是对方手的位置放在肩和手臂连接处，但假如手滑到腰甚至滑到臀部，会有什么感觉？分别模拟这两种情景，让孩子区分手放在不同部位的感觉，并明确说出来，父母再予以指导。

国外和国内一些预防性教育课程中，有一个口诀：第一步，say no。就是对自己感觉不舒服、不正常的身体接触，让孩子马上拒绝。第二步，off。让孩子马上离开这个人或这个环境。第三步，talk。让孩子记得说出来，告诉可以信任的成年人。父母们可以参考利用一下。

随着孩子年龄的增长，认知、理解能力进一步提高，对这类游戏或口诀可能会觉得幼稚而不屑一顾，但这并不代表孩子已经理解什么是性侵意味的行为，也不代表孩子遇到这样的情形就知道如何处理。那只能说明我们需要针对孩子的年龄发育情况，改变我们和孩子沟通的方式方法，换一个角度和方式，对孩子进行预防性侵犯的教育。

开始进入青春期发育的年龄时，孩子可以从案例、故事、文字等途径来理解什么是性侵意味的行为。他人性侵意味的行为就是对自己身体自主权的侵犯。

父母可以直接通过日常生活的故事、案例来和孩子讨论沟通，可以通过知识储备来吸收内化。比如，让孩子也学习我国关于未成年人保护的一些法律法规，让孩子明白自己的哪些权益是受法律保护的，增强法律意识，也就是内在强化孩子的身体自主权意识并可以增强维护自己权益的勇气，赋予孩子愿意并且可以说出来的勇气。

当女孩能够意识到他人对自己的性侵意味行为，但是基于各种理由“不敢”说出来的时候，这就需要父母检讨和内省自己，平时在家中是以何种态度和方式来对待女孩的性教育的，对性的羞耻、偏见都会打消孩子告诉父母的勇气，更不用说父母会以责骂、呵斥的态度来对待孩子性教育问题所产生的影响了。父母可以参照前面的章节中关于培养孩子身体自主权意识、勇气、身体边界感方面的内容来寻找自己对待孩子性教育方面的偏差，加以修正。

如何培养女孩应对约会中的两性暴力

父母守护、陪伴女孩成长到青春期后，她们会跟随缘分谈一场恋爱，开启一次浪漫的约会，恋爱是从两个人相互吸引开始，然后相爱发展成为恋爱关系。

这样的关系应该是以爱为基础得，似乎和暴力扯不上边。但却有女生因为男朋友的精神控制，饱受各种折磨，最后导致自杀的事件发生，引起社会关注，也引起了关于两性关系中精神控制、性暴力问题的大讨论，同时，也大量曝光了PUA术。

PUA术确实很可恶，也很龌龊。它是专门针对女生建立两性关系的精神控制，这里面的两性关系不是平等的，而是男方利用心理控制技术把女方置于完全受支配的地位，并以追求奴役女方为目的。

现实生活中，专门利用PUA术来建立两性关系在社会中算是少数的例子，更多的男性并没有学习过PUA术，他们只是普通人，很少能对女性进行精神控制和精神暴力，但女性在日常生活中遭受更多的是恋爱双方常见的争吵、诋毁、数落、强迫等，男方表现出日常的“渣男”形态并希望两性关系中的女方顺从、被动、听话。

如同父母们在女儿寻找对象时心底所要求的那样，家庭出身好点，最好是名牌大学毕业，有能力，做事情成熟、淡定，人际关系处理得好。

抛开PUA术，从父母的角度来说，希望女孩可以找到各方面都比自己强的伴侣，可以带给女孩幸福的生活。这样的愿望和要求，在我们生活中太常见。

在日常生活中，父母将女孩未来择偶的标准潜移默化地以语言、行为、方式内化成女孩自己的要求。

这里面就有一个问题，当女孩的缘分真的到了，遇到符合条件的男孩，女方很自然地仰望男方，在这样一段关系中，一早就已经埋下了女方被男方控制的风险，再结合其他因素，比如，女孩很善良、比较懂事又比较听话，她被精神控制和精神暴力的风险就更高，在两性关系中遭遇性暴力的机会也就越高。这也是某些女生总是疑惑为什么自己是“吸渣”体质（容易沦为精神控制的对象），也是那些擅长精神控制的人（包括一些性心理障碍的人）都喜欢对那些看起来乖巧懂事又善良女孩下手的原因。

父母们可能又要困惑了，难道自己养育的女孩善良、懂事、听话反倒错了？没有错，化解这一悖论难题的答案不是让女孩不善良、不懂事、不听话，而是培养女孩拥有身体自主权意识、性平等意识和勇气。

让女孩善良而有锋芒，身体自主权意识就可以在合适的时候成为女孩的锋芒，保护她的善良。让女孩懂事不等于让她对任何事都无条件顺从，懂得辨别、判断事实；让女孩听话，更重要的是要听从自己内心真实的话，而不是人云亦云。

当女孩具备了身体自主权意识，就能敏感觉察到对方的行为是出于爱，还是出于控制。

当女孩具有性别平等意识的时候，就知道我只是和你不同，而不是我低你一等，能够看清自己的优势和不足，也能看到对方的优点和缺点。只有当彼此因优点而吸引，对缺点包容的情况下，才能共同成长，爱才能“势均力敌”，进而才能互相尊重，携手共进。

女孩有勇气，在遭受精神控制、两性暴力时，才会正确表达自己的意愿，才能有能力走出被控制、被暴力的境况。

女孩拥有了身体自主权意识、性别平等意识、勇气的品质后，不会去刻意追求条件比自己优越的对象，她会下意识地过滤掉PUA类型的渣男，遇到渣男的概率自然就降低了。即使遇到PUA类型的“优质渣男”，她也有能力摆脱和走出“优质渣男”的精神控制，而不是选择自杀。这也是我一再强调要培养女孩拥有三个重点意识的意义。

如何帮助女孩预防师长的性侵行为

近年来，网络曝光了不少名牌大学的某些学科学术研究导师，他们利用学术研究、大学上课的机会，利用导师、教授的身份地位优势，性侵多名女大学生。

从已经曝光的多起教授性侵女学生事件中分析，有几个共同特点：（1）持续时间长，一般都有几年时间；（2）涉及女学生多，有多届“师姐师妹”遭受性侵；（3）事件因某个受害人忍无可忍而报案，然后遭受性侵的其他受害者在网上匿名声援，揭发人员多，但实名报案的人少；（4）案件大多数无法定性为《刑法》意义上的强奸罪。

女孩刚刚年满18岁，涉世未深，在父母的呵护下度过了青春期，参加完高考，来到心仪的大学殿堂，遇到社会地位高于自己的人，可能他是自己尊敬或崇拜的学界泰斗，可能他手中掌握着自己的学业成绩、深造推荐的机会，可能他也正在主动示好，制造机会，暗示可以给自己好处，但如果拒绝将会面临不利境况……这个时候，已经完全脱离家庭的女孩该如何选择？如何分辨？如何处理？

这个时候，父母对女孩性教育的现实作用就体现出来了。一个具有身体自主权意识、性别平等意识、勇气品质的女孩，心中会更有主见，会懂得如何选择和分辨。这一点在之前已经多次强调了。

这里我想说，女孩踏入社会后，会经常碰到这样类似地位悬殊的长辈。假如这个长辈恰巧有这种龌龊的想法，那女生自然会碰到这种与爱无关的“性”要求，于是社会中便经常出现“性骚扰、性诱惑、性交换”的情况。

女生在这样一个场景中，会经常处在一个两难境地，内心是一百个不情愿，但现实生活中还要赔着笑脸，不敢拒绝。作为父母，无法代替女孩去生活，父母这个时候鞭长莫及，但更多的时候，父母根本不知道，因为女儿压根不会和父母说这样的事情。

女孩在大学里遇到性骚扰、性侵犯的情况，只是社会镜像的一个预演，社会上的场景可能更为复杂一些。父母的未雨绸缪，就是尽量在这之前多教给女孩一些性知识，让她自主做出生活的选择。

父母可以在培养女孩的身体自主权意识、性别平等意识、勇气品质的基础之上，再加上“机智”。

可以多和孩子讨论关于大学教授性侵女学生的热点新闻，

通过讨论这类新闻，让孩子明白该如何选择，又该如何机智保全自己。

场景代入一：假如你现在进入大学了，虽然这种教授是少数，但不可不防，你可以通过什么有效途径了解这所大学的某个教授是否会性侵女学生？

应对策略：虽然坏人的额头上并没有写“好色”两个字，但这样德高望重的教授如果有性侵行为，其在学校一定会有许多小道消息。平时我们一般不信这些小道消息，但也要时刻保持警惕性，然后主动向上届学姐们了解情况。学姐们在学校时间较长，私底下肯定会议论，甚至有的学姐有过接触，所以留心学姐对某个教授在个人作风方面的评价很重要。

当确定某个教授作风有问题时，如果是可以主动避开的，当然选择避开，但如果无法避开怎么办？

场景代入二：已经选了该教授的课，教授已经成为你的学业导师，并且开始有暗示的行为，比如叫你去办公室或者其他地方讨论课题等，怎么办？

应对策略：唐突拒绝觉得不太好，但记得千万不要单独行动，平时不结伴，这个时候要记得结伴，即使教授明示要你单独留下，也要特意叫上同学并交代同学在附近等自己出来。这个时候，对教授撒个“善意的谎言”很有必要，必要时还可以和同学相互约定特殊暗号，以便及时寻求帮助。

如果事情适时而止，那就结束了，但如果教授的明示继续升级并利用手中权力开始进行一些性暗示，怎么办?

场景代入三：教授手中掌握着学业、课题、金钱等资源，开始诱惑你，如果你顺从了他的要求，可以得到现实的好处。

应对策略：这是考验女孩如何看待自己人生规划的时刻，作为成年人，要清楚自己是以什么为代价来获得益处的。这里的权衡不是简单的交换，需要考量人性、利益、法律。如果不涉及公共资源和利益，可以只当作个人选择，需要承担的只是个人名声的好坏，但如果这里面涉及公共资源和利益，还将承担法律责任，甚至还可能构成违法犯罪，而拒绝教授，一般不会产生更多不利后果，最坏的结果是得不到学业上的好处。每个人都有自己的选择权。

假如教授利诱没有得逞，开始明里暗里地威胁，正常学业、课题都将可能受到影响，怎么办?

场景代入四：教授利诱行为没有得逞，开始暗示学业可能不及格，或者课题不通过，怎么办?

应对策略：既然教授的行为开始升级，他手中掌握着学业成绩、课题项目的生杀大权，用威胁来达到不可告人的目的，其人品已经掉入“渣”的深坑，我们似乎也不用客气了，也需要掌握点教授的证据来反击。在正式翻脸前，利用教授可能再次挑起话题的机会，有意识地提问，尽可能把教授的暗示行为化为明示条件语言，利用科技手段把音频、视频保存下来。在这个过程中，需要找一个协作者来帮助和保护你，以防出现突发情况。这些证据一旦保留下来，就可以用这些来对抗教授的威胁。

机智应对现实生活中的性骚扰、性诱惑、性交换，同时，机智也是一项不断学习的能力。我们既选择善良，也选择机智作为善良的锋芒。

女孩也可能成为
校园欺凌事件中性暴力的加害者

女孩在传统性别角色中以温柔形象为主，总体而言，女性确实比男性少一些攻击性，但网络上偶尔会曝光这样的欺凌事件：

校园中的某个角落，几个女生围着一个女生，有人在辱骂，有人在打脸，有人扯烂了被打女生的校服，露出了文胸，还有人在继续撕扯。这个过程有人用手机在拍照，被打女生在哭或者在瑟瑟发抖……

在性暴力的事件中，女性涉及其中的绝大部分是被害者，但也确实有少数性暴力事件中女性是加害者，在我们关注大多数案例的时候，不能忽视少数个案。

女孩校园欺凌事件中的性暴力，常见有以下两种情形：

一种是涉及猥亵女孩，个别极端案例也涉及加害者猥亵年龄比自己小、地位比自己低的男孩。

女孩作为加害者在涉及猥亵女孩的性暴力案件中，极少出现以追求性刺激为目的的猥亵，大多数涉及因人际关系矛盾、嫉妒而产生的报复行为，并且经常是几个人以上的小团体对个别女孩进行的猥亵行为。比如撕扯衣服，暴露对方乳房等隐私部位，录制视频等。这些猥亵行为以侮辱、打击对方为目的，不是为了追求性刺激。

这种情形在网络曝光的校园暴力事件中比较常见，家长们在微信等即时通信工具上见到校园欺凌事件时，也经常会见到类似情形。

另一种常见的情形，女孩是作为加害者的帮助者或者旁观者参与到性暴力事件中的。

女孩作为帮助者参与性暴力事件，有的是和加害者有共同的目的，有的是和加害者同属某一个小团体，帮助主要实施性暴力行为的加害者（可能是男性，也可能是女性）对某个女性或者男性进行性侵。女孩作为旁观者参与到某个性暴力事件时，多数是她在这个小团体中处于从属地位，害怕被排斥，也害怕自己成为下一个受害者，而参与其中，助纣为虐，其恶劣程度和参与行为不亚于直接的加害者。校园欺凌中经常存在这种以侮辱、猥亵身体的性暴力事件，在电影《少年的你》中也有类似的情节。

作为家长，除了把主要精力放在预防女孩成为性侵事件的受害者外，对女孩可能成为加害者的情形也不可忽视。

在对女孩进行性教育的过程中，以尊重为主的相处模式能更多地激发女孩天生的温柔和善良，培养出孩子的同理心。性暴力常常出现在校园欺凌事件中，是因为性是一个人身体柔弱的部分，加害者可以使用较少的暴力达到较大伤害的目的，当一个孩子具有良好的同理心时，会自觉地远离校园欺凌事件。

加强法治方面的教育，增强对法律的敬畏之心。不单单让孩子了解校园欺凌事件是一种违法的行为，公开对女性身体的羞辱更是一种违法犯罪行为，是会受到法律制裁的。《刑法》对强奸、猥亵、侮辱行为都有犯罪条款的规定，一旦事件对被害人造成伤害，如果是加害者没有达到法定刑事责任年龄，其法定监护人也是要承担有关民事赔偿责任的。对孩子加强法律知识的普及，能有效预防欺凌事件的发生。

关注女孩的朋友圈。女孩涉及存在性暴力的校园欺凌事件时，多数是以旁观者或者协助者的身份参与。她们在参与欺凌事件时，都明确地知道这是不对的，但最后还是参与其中，主要心理是害怕、胆怯，而有效预防女孩走到这一步的方法，除关注孩子，及时阻止外，更重要的是培养孩子的勇气。

第七章

如何帮助女孩面对性暴力伤害

章|节|寄|语：

本章节的内容或许有点沉重，性暴力话题是大家都不想面对的话题，希望每位父母都能耐心把这一章节的内容看完，掌握帮助孩子的能力，同时，希望父母们永远不需要用到这部分的内容。

父母在面对性侵事件中常有的几个误区

避免痛苦是人的本性，没有父母愿意真正去面对、了解、总结发生在未成年孩子身上的性侵事件。在需要面对的时候，父母大多按照自己的生活经验、感觉来面对和处理这类事件，难免带着各种固有的看法，也难免存在一些错误的认知，在处理相关事情的时候，走入了各种误区，而无法真正帮助遭受伤害的女孩。

误区一　坏人怎么没盯上别人，就盯上你了

在女孩遭受性侵的时候，特别是在一些持续时间较长的性侵案件中，常常有对被害女孩这样的指责：坏人怎么没盯上别人，就盯上你了？假如女孩当时穿着时髦，或者平时比较爱美，家长或者旁观者更是找到了指责这个女孩的依据，找不到依据时，就用一句先入为主“莫须有”的定论，指责被害女孩。

比如，孩子在事件过了很久后才报案，就很有可能会被指责为什么当时不报案，现在才报案，是不是有其他原因？这是典型的被害人过错推定心理，这个心理来源于“父权文化”基因的深远影响，认为女性经历了性侵犯而成为羞耻、罪恶、肮脏的来源，并让家庭蒙羞。先指责被害女孩，可以让家长暂时回避痛苦，但对被害女孩而言，不但没有起到积极的作用，反倒是二次伤害，甚至也正是因为这种心理助长了性侵犯者的嚣张气焰。

误区二　女孩被猥亵，处女膜没破，不算性侵

这种认识是典型的、片面的对贞洁和羞耻感的认识！我在和性侵案件中受害女孩家长进行沟通时，发现持有这种观念的父母比我想象中还要普遍。女孩被猥亵，会严重影响到她对人的信任感，影响她日后建立正常的人际关系，影响她身心发育的各个方面。但家长基于对女孩贞洁的片面认识，认为女孩遭受这样的情形不算是性侵，并基于“家丑不可外扬”的心理，往往首先选择私了，或者因其他原因被动案发后，家长也不愿意配合调查，担心影响孩子和家庭的“声誉”。

但孩子也会继续成长，形成她对性的认识和价值观，当家庭成员选择漠视后，随之而来的是对她心理上的伤害，一个遭受性侵但被漠视的女孩怎么可能成长为一个心理健康的人？

误区三　女孩遭受性侵时年龄还小，不提起慢慢淡忘就没事了

这种认识在父母的观念中也非常普遍，特别是当孩子年纪偏小的时候，在处理完事情后，所有家庭成员对这件事讳莫如深，好像这件事情没有发生过，同时，在谈到类似话题的时候又小心翼翼。孩子的情绪无法和父母沟通，过一段时间，看起来孩子好像也忘记了。

儿童遭受性侵事件后的伤害，在心理上常常表现为“沉睡效应”，也就是说年纪还小的儿童性侵犯创伤暂时潜伏下来，表面上孩子没有太大的异常行为，但在数年后甚至成年后才显现出来，随着孩子的性认知逐渐成熟，特别是在孩子有了成年人完整的性羞耻感时，童年的阴影会以其他形式爆发出来。“沉睡效应”提醒父母不能漠视孩子的感受，只有积极介入，才能对孩子有帮助。

误区四　对认为有过失的被害女孩进行责骂

在某些涉及未成年性犯罪案件中，被害女孩受到性侵犯者的诱惑，比如，因为性侵犯者给了被害女孩钱财、零食、礼物或者女孩期望得到的东西，女孩（14岁以下幼女）自愿与之发生了性关系。表面看起来，被害女孩好像因为贪心或者贪嘴，导致性侵事件的发生，在父母或者旁人眼中，这个女孩就是不太正经，但事实上，性侵犯者也正是利用了年幼女孩心智发育不成熟，不能正确理解发生性关系的意义和后果，才使用了这样的手段，人之恶体现在性侵犯者身上。

父母却认为因为被害女孩贪小便宜才导致被性侵，往往因此责骂女孩，甚至殴打被害女孩，但实际上，被害女孩的心智发育不成熟，没有辨别能力，作为还没有成年的她是没有任何责任的。

误区五　不报案就没人知道，孩子受伤害就小

现实生活中发生的未成年女孩遭受性侵案件的数量，比实际被揭发或向公安机关报案的数量要多。家长们选择不报案的原因各不相同，但其中有一个共同的原因就是，认为减少事件外界的知晓度，特别是降低熟人对事件的知晓度，就可以避免更多的伤害。一方面，我们从内心希望性侵犯者能够受到惩罚；另一方面又基于私人考虑放纵了这样的行为。事实上，对于性侵犯者的容忍、放纵才是对被害女孩最大的伤害。

我们应教育孩子，实施性侵犯的人是一个坏人，从她内心单纯意愿来说，更希望坏人受到惩罚。假如是父母最后决定不予报案，对性侵犯者来说是有利的，但对被害女孩来说是价值观的崩塌，在其性创伤的基础上增加另外的打击，孩子反倒会遭受更大的伤害。

误区六　女孩子被性侵了，一辈子就完了

父母在面对女孩被性侵的事件，特别是遭遇到性犯罪的时候，常有灾难化的想法，认为女孩子被人玷污，失去贞操，遭受心理创伤，以后就不能拥有幸福的恋爱和婚姻了。这种灾难化的想法也仍旧受“父权思想”“守贞观念”的影响，对本来无过错的被害人，先入为主地认为是她的错，然后对女孩的未来推出灾难化的预测。这种灾难化的预测，只能把已经受到创伤的被害女孩推向更不利的境地，加深被害女孩对未来期待的绝望，不利于被害女孩的身心恢复，而一旦被害女孩接受并内化这种灾难化的预测，往往会出现选择自杀的极端情况。

认识到我们日常生活中常见的误区，修正我们对待被害女孩的偏见看法，摘掉有色眼镜，当性侵事件不幸发生的时候，才能更好地帮助被害女孩。

父母要警醒女孩出现的哪些“症状”信号

根据国内外关于儿童性侵犯披露的研究结论显示，“大多数受害儿童不会立即主动披露性侵犯；只有不足1/3的受害儿童遭受性侵犯后24小时之内主动向第三方披露的；大约二分之一以上的受害儿童会延迟披露，延迟时间从一个月到数年，平均延迟20年，最长延迟50年；大约1/4的受害儿童终生不披露。”（《综合防治儿童性侵犯专业指南》，龙迪著）

根据我在近年工作中的数据统计，儿童被性侵后在24小时以内主动向信任的人报告导致披露案发的不到30%。在延迟披露的儿童性侵犯罪案件中，有一部分不是被害人主动说出来，而是成年人知道线索后找到被害人询问，被害人才说出来，或者因为意外情况被发现才案发。

虽然儿童在遭受性侵的时候，大多数没有马上披露，但不代表儿童遭受性侵之后，就没有任何异常。相反，儿童在遭遇性侵之后都会有与平时生活状态的异常情况发生。这种异常情况根据被害人的年龄阶段不同，会有比较明显的差异。

我在办理有关性侵刑事犯罪案件的工作中，经常会接触到未成年被害女孩的父母，在沟通过程中，他们往往会很自责地回想起较早的一段时间，自己孩子有些什么样的反常行为，说一些什么样的反常的话，然后就在懊恼自己当时为什么没觉察，为什么没把孩子的话当一回事，等到时间这么久才发觉，心痛不已。

被害女孩在遭受性侵后，不论年龄大小，时间长短，是主动披露还是被动披露，都会经历一个心理挣扎的过程，她会考虑是否把这件事情告诉别人，也会担心假如事情被别人知晓后，自己会有什么不利后果。

这个过程对被害女孩而言，非常艰难，她需要考虑许多情形，希望家长们还记得我们前面说过的，儿童性侵大多数是熟人作案。

被害女孩首先需要突破的就是熟人性侵犯者的心理控制！这一关可能涉及对她而言许多不利的后果，根据心理控制的不同类型，如果是威胁，她会考虑是否给自己和家人带来危险；如果是利诱或哄骗，她需要考虑之后自己将失去什么样的好处；如果是恐吓，她会考虑自己是否会处于危险；如果是亲密关系，她需要考虑自己人际关系的安全……

就算被害女孩突破了性侵犯者心理控制的第一关，打算向某个信任的人说出此事，她也先会试探这个人的反应，信任者任何一句关于性侵事件的负面反应，都可能会马上打消被害女孩说出此事的想法。

当被害女孩准备向某个信任的人说出此事的时候，假如这个信任者表示怀疑，被害女孩也可能会否认已经说出来的一些事情，信任者的反应往往决定了被害女孩怎么说和说多少，是一部分？还是全部？是坚持还是否认已经披露的？

被害女孩的心理经历，必然导致被害女孩在生活中出现一些情绪、行为上的异常。在这个过程中，由于出现意外情况而披露出性侵事件的案例也不少。

如果孩子鼓起勇气向自己信任的某个人讲述自己被某个熟人性侵的事，假如恰巧你就是她信任的那个人，请先相信她所说的是事实，然后再开始求证整件事。

如何识别孩子是否遭受到性侵犯呢？假如我们看到孩子有以下明显的身体生理状况，就需要第一时间询问孩子或者报案处理。（1）女孩身上有明显伤痕、血迹；（2）女孩的生殖器（如外阴、肛门）或身体其他部位有淤青、肿胀等；（3）女孩阴道有异常分泌物或者抱怨外阴、肛门等地方疼痛、瘙痒等；（4）查出女孩患有通过性接触才会传染的疾病或怀孕等；（5）身体或内裤验出有精液。

若发现上述这些情况，就需要父母紧急介入，对孩子的身体进行医学检查，确认伤情，询问孩子后，应根据情况选择马上报案。

假如女孩有以下情绪、行为等方面的异常反应，也需要家长们特别注意，要留心甄别女孩出现的异常情绪和行为反应，是否存在遭受性侵的可能性。

第一，关于生理方面的异常。当孩子身上有一些解释不通的伤痕，或阴部分泌物有异常、有异味，妈妈在洗澡时可以不露声色地检查一下孩子阴部、内裤。孩子在承受较大压力时，往往会有身体上的不适，特别是年纪偏小一点的孩子。孩子是否突然出现没来由的身体不适，抱怨身体不舒服，如肚子痛、头疼等；突然厌食或暴饮暴食、睡眠失调，包括失眠、噩梦等。

第二，关于行为方面的异常。孩子突然在身体受到触碰时，毫无理由地反应过激，对于换衣服、脱衣服感到紧张、恐惧并抗拒；突然毫无理由地很讨厌或害怕和某个人单独在一起；突然毫无理由地拒绝去或留在某个地方；学龄前或学龄儿童懂得和年龄发育完全不对等的性交知识；特别喜欢谈论性话题；对性表现出超出同龄人认知的兴趣；玩游戏、和同伴相处时，频繁有性含义的行为；青春期女孩可能会感到自己肮脏，反复清洗身体，特别是隐私部位；可能还会出现酗酒、抽烟等成瘾行为；也可能会做出性乱交或者卖淫，甚至自残、自杀行为等。

第三，关于情绪方面的异常。性格发生转变，突然变得不爱说话、沮丧、害怕、羞愧，甚至想自杀；从文静变得特别爱惹事，变得脾气暴躁；经常感到紧张、焦虑，没有安全感；突然变得爱哭、极其敏感，情绪起伏大，爱发脾气；等等。

第四，关于在日常生活方面的异常。在学习方面，成绩突然下降、不喜欢上学，注意力不集中，旷课逃学，甚至为了避免上学而装病，表现出学习困难；在孩子掌握的财产中，突然多了许多东西（包括零食、礼物等），零花钱也增多，却又不是家人给的；在社交方面，突然不愿意和朋友出去，不愿意和别人交流，宁可自己待在角落里，建立和维持同伴关系有困难。

特别强调一下，当孩子有上述“症状”的时候，并不表示孩子就是遭受到了性侵犯，只是预示有这种可能性。但因为对儿童的性侵犯是一种严重伤害孩子心理健康，破坏孩子安全感、人际关系，严重影响孩子正常成长的行为，所以这个时候请家长们多留意，当孩子出现上述“症状”的时候，耐心询问，小心求证，尽可能早发现、早排除孩子是否遭受过性侵，才能尽早正确干预，防患未然。

越早发现，就越能尽最大可能保护到孩子，就越能减少对孩子的伤害。

父母如何避免对遭受性侵的女孩造成二次伤害

儿童性侵行为，特别是严重的性犯罪行为，都会对儿童的正常成长造成极大的干扰。遭受性侵的儿童在身体上的伤害相对容易恢复，但在心理上，根据相关研究，“遭受过性侵的儿童比没有遭受过性侵的儿童，更容易出现严重的、持久的、并发的心理障碍或精神病症”。反过来，这些严重的心理障碍又会干扰儿童的身心发育。根据国外有关童年创伤的神经生物学研究显示：“幼年有受虐经历（包括儿童性侵犯）可能会给儿童的脑发育和脑功能带来持久的负面影响”。

我在办理涉及儿童性犯罪案件的工作中，接触到许多被害女孩，她们身上都会表现出遭受心理创伤后的一些情绪和行为。从各方面了解的情况来看，年纪幼小的孩子和处于青春期的孩子外在行为表现上差异较大。年幼女孩通常有焦虑、噩梦和一些无法控制的偏差性行为等，青春期的女孩通常有抑郁、焦虑、进食障碍，甚至有自杀倾向等。

我曾经办理过一个强制猥亵儿童案件，有多名被害女孩，大体伤害情况差不多，但案件发生后几个月，被害女孩的心理和行为表现以及重新融入生活的情况差别较大。经过了解，发现不同家庭，对待孩子遭受性侵犯的态度和方式有比较大的差别。

儿童性侵犯事件发生后，伤害在所难免。根据有关研究及我的工作实践来看，当遭受性侵犯女孩在得到家庭成员特别是父母的接纳，获得较好支持、帮助的情况下，可以明显减少或消除身上的负面影响。特别是当被害女孩能够真正认识到这件事不是自己的错，是性侵犯者的错，并有勇气面对的时候，被害女孩的心理创伤会有明显的恢复。

但现实中，社会、家庭、个人赋予了女性在性方面的深深的羞耻感。事件发生后，一方面，大家都在谴责性侵犯者的行为；另一方面，又会下意识地指责被害女孩也存在过错。穿得漂亮是过错，晚归是过错，被骗是过错，拿了性侵犯者的零食、财物更是过错，等等。实在找不出具体行为，就说一句：“不然，怎么受害的不是别人，偏偏是你？”

似乎找到这些过错就可以帮我们找到预防的措施，就可以减少父母们的疏忽责任，消除父母们的内疚心理。

事实上，这些看起来再正常不过的对被害女孩的指责，背后却藏着这样的价值观，就是“你被玷污了，是肮脏的，你是有错的”。女孩对性的羞耻感天生比男孩更加敏感。在经历性侵事件后，女孩会逐步形成“自己是耻辱的”这样的消极性认知。

父母自己对性的偏见，加上错误的对待被害女孩的方式，会起到推波助澜的作用，会让被害女孩加剧内心的自责和内疚，产生悲观信念：“我身上有耻辱标签，不配拥有美好，不配得到爱。”

显然，这种对待孩子遭受性侵犯的态度和方式，对被害女孩本来就受伤的心灵来说，无异于雪上加霜，会进一步加速当事人的抑郁、焦虑等情绪恶化，不利于受侵害女孩的心理恢复。

我在本章第一节“父母在面对性侵事件中常有的几个误区”中提到常见的六种情形，这几种认知都是会对被害女孩造成二次伤害的错误观念。

一个儿童性侵犯事件的伤害后果不是固定不变的，会继续发展，但发展方向的好坏和家长对性的认知息息相关，这也是同一个性侵犯案件的多名被害女孩，在经过几个月后，会有不同状态的主要原因之一。

如何避免对被害女孩的二次伤害？

首先，父母们要认识到，儿童性侵犯事件的发生，是因为被害儿童处在相对劣势地位，儿童本来就处在尚未发育成熟的阶段，不论儿童是本身身体生理发育的不成熟，还是儿童的心智发育不成熟，都是一种客观状态。身体发育不成熟，父母们或许觉得可以不用归于原因中，但对于心智发育不成熟，父母们就常常不自觉地把孩子的行为归入了她被性侵犯的原因。

比如，一个12岁女孩因为性侵犯者给她零食吃、零钱花，不断引诱，而被持续性侵6个月后，才因意外情况被发现，父母后来对女孩进行教育，首先就是在家打骂这名女孩，指责她贪钱贪吃，不要脸等。

通常，父母们都能够清晰认识到，12岁女孩的身体尚未发育成熟是一个客观事实，会为女孩提供物质条件让其成长；但往往不能清晰地认识到，12岁女孩的心智发育同样是不成熟的，需要成年人的教育、保护和引导。

父母先入为主地认为，女孩贪吃贪钱，愿意用自己的身体同性侵犯者交换零食和零钱，然后就是指责。但父母们并没有认识到，吃和自由是人之本性，这个12岁女孩还不了解，自己拿了性侵犯者的零食和零钱，让自己的身体受到他人性侵犯的后果是什么。一个成年人一眼就可以知道的后果和道理，但对一个未成年人来说是需要不断学习的，需要学习关于身体的性知识，需要学习建立自己身体的性隐私观念、身体自主权意识等。在这个学习的过程中，成年人负有不可推卸的教育责任，包括社会、家庭、个人的责任，也就包括了作为父母的责任。

作恶者是处于优势地位的性侵犯者。他“处心积虑”地利用被害女孩身体和心智发育尚未成熟的客观情况来达到自己不可告人的目的，是造成损害后果的人。有错的是性侵犯者，而不是被害女孩。

认识到这一点，我们还有什么理由去责备遭受到性侵时尚未发育成熟的儿童？

只有当父母能够完全认识到，发生儿童性侵事件是侵犯者的责任，不是孩子的错，才能够把这个认识传递给被害儿童。当被害儿童能够认识到这一点，才可以有效减少或消除性侵犯事件对其身心发育的负面影响。

第二点，父母都应懂得，让被害儿童认识到性侵事件不是自己的错，这一点很关键。那么父母应如何具体对待和处理这件事情呢？因为对儿童的性侵犯者大多数是儿童认识、熟悉或者信任的人，甚至就是儿童的家人。被害儿童的父母（监护人）是选择家丑不可外扬？还是要求赔偿私了？抑或隐忍选择远离？还是最后会选择向司法机关报案？

不论文化层次高低，我们在教育孩子的过程中，都有一个很朴素的观念，就是做错事的人应该承担责任，这也是社会可以正常运转、法律得以制定执行的核心基础。这个深入人心的朴素观念也无时无刻体现在我们日常生活之中，当孩子做错事的时候，我们会惩罚他（她），也是基于这样的认识。

当儿童性侵事件发生后，我们积极努力让被害儿童认识到，这是性侵犯者的责任，不是自己的错。那么，应如何追究性侵犯者的责任？这个时候，父母的做法就体现了对这件事的真实态度，孩子看在眼里，也记在心底，更会内化成为孩子对自己遭受性侵这个事件的核心观念。

父母的话对孩子有影响，父母的行为更直接影响到孩子是否相信父母的话，深刻影响到孩子日后心理恢复，能否重新构建人际关系。

当被害儿童能够认识到不是自己的错，是性侵犯者的责任时，她自然而然地认为，做错事的人应该承担责任，应该受到惩罚。

现实中，成年人会顾虑许多，在处理儿童性侵犯事件（包括儿童性犯罪事件）时，多数会先选择私下协商赔偿解决，不选择向司法机关报案。有时会拖延后不得已选择报案，希望可以追究儿童性侵犯者的刑事责任，又因时间过去太久，证据灭失，无法搜集足够证据来定性侵犯者的罪，让性侵犯者逍遥法外，间接给被害女孩带来二次伤害。

我们给孩子做普法教育，教育孩子遵守国家法律，不要去做违法罪犯的事情，因为犯罪会受到法律追究，通俗地讲就是会坐牢。当孩子看到性侵犯者因为父母延迟或没有选择报案而没有被追究责任时，孩子小小的内心又该做何理解？

让犯罪的人依法受到法律惩罚，是每个人心底非常单纯的观念。依法追究儿童性犯罪者的法律责任，也是被害女孩心底最朴实的心愿。父母陪同被害女孩向司法机关报案，要求严惩儿童性犯罪者，就是对被害女孩最好的救助和保护。父母用行动向孩子传递了“这件事不是她的错，是性侵犯者的错”这个观点，有利于被害女孩的心理恢复。

假如父母理性选择陪同被害女孩报案，那么又该注意些什么事项，才能尽到最大可能保全证据，依法追究涉嫌儿童性犯罪者的刑事责任呢？我们下一节讲。

如果女孩遭受性侵害，应该如何保存证据

每发生一件儿童性犯罪案件，不仅是对儿童的伤害，对父母来说，也是极大的伤害和考验。面对自己的孩子遭受到性侵犯，报案或不报案，对父母而言都是艰难的决定。

有这么一个案例：小花（女，10岁）衣服被撕烂，身上有污迹，回到家被父母发现，经过询问，小花讲出被亲戚张三强奸的事情，父母很难过，思考了一天一夜后，决定去报案，但案发当晚，其母亲见到小花身上污迹斑斑，很脏，于是帮女儿洗澡换了干净衣服，以至于有关关键证据毁掉了，最后导致因证据不足，无法起诉张三。

在这个案件中，父母的做法，在儿童性犯罪案件中有一定的普遍性。父母不是专业人士，对保存证据没有意识，本着生活的惯性思维，看到女孩受到伤害，身上脏兮兮的，洗个澡希望她睡个好觉，安抚一下孩子的情绪，没有想到因为自己的无知和疏忽，毁掉了关键证据，给了性侵犯者逃避法律惩罚的可乘之机，自己更是后悔莫及。

父母做出报案的决定，都是希望涉嫌性侵犯者能够受到法律的惩罚。但请父母们注意，法律追究一个人的刑事责任，是必须讲究证据的，国家司法制度有它的规则和要求。《刑法》的存在是为了惩罚犯罪，保护人民，但必须依法，按照法律程序来对涉嫌的性侵刑事犯罪立案调查，收集证据，按照《刑法》和《刑事诉讼法》的相关规定，追究涉嫌儿童性犯罪者的刑事责任。这些不以我们个人感情好恶为标准，所以在这个时候，格外需要父母保持理性。

一般最早接触到遭受到性侵犯被害女孩的，大多数是被害女孩的父母或者是她信任的人，第一知情人保持理性，懂一点法律常识，有助于我们更好地保护被害女孩和惩罚罪犯。

当事人选择报案后，询问、调查取证、核实证据、开庭审判等专业的事情交给专业的警察、检察官、法官去做。但在报案之前，需要提醒父母注意以下几点：

第一，在报案之前，第一时间接触到被害女孩的可能是父母，也可能是女孩信任的成年人，或者是意外发现案情的成年人，这个人就是案件的第一知情人。作为案件的第一知情人，需要初步询问被害女孩，大致了解一下发生了什么事情，然后采取必要措施保障被害女孩的人身安全。如果第一知情人不是被害女孩的父母，应该尽快通知被害女孩的法定监护人。

在被害女孩的法定监护人和被害女孩决定是否报案之前，要尽可能保持被害女孩在第一知情人接触时的状态，因为被害女孩身上的伤痕、衣物都可能是最直接的证据。假如性侵犯者对被害女孩实施了生殖器插入性侵害，被害女孩身上极有可能遗留有性侵犯者的生物样本，这是非常重要的证据。

第一知情人假如好心帮被害女孩清洗了身体，等于把相关关键证据给清理掉了，因为大多数性侵犯案件的案发现场是一对一的状态，如果因为这样的做法，导致最后只剩下被害女孩一个人的口供控诉，而没有其他任何证据，是无法证实涉嫌性侵犯者构成犯罪的，也无法追究其刑事责任。

保持被害女孩在第一知情人接触时的状态，直接向公安机关报案，有关工作人员会依法带被害女孩做身体检查，提取相关生物样本，依法取得相关证据。

第二，第一知情人一般都会初步询问被害女孩发生了什么事情，特别是父母得知有关线索后，一般会先询问被害女孩。在这个环节上需要特别提醒父母们，报案之前，大约询问是什么情况并注意保密就可以了，因为父母需要避免把自己预见或推测的一些情况夹杂传递给被害女孩，不需要详细询问被害女孩，过于详细的询问，在愤怒情绪支配下，父母的一些话语相当于“污染”了被害人的报案笔录。被害女孩有时候也会因为害怕父母的责骂，主动把父母的意见夸大或夹杂陈述在自己的报案笔录里，这个时候对公安机关侦破案件不仅起不到帮助作用，还有可能成为性侵犯者可利用的漏洞，成为法庭定案的阻碍因素。

受过专业训练的侦查人员接到报案，会依法向被害女孩询问，制作完整、准确的口供，成为定案有效的证据材料。父母只需要给予被害女孩支持，让她信任办案人员会帮助她，只需要告诉她，尽可能实事求是地陈述有关案发时的情况即可。

第三，性侵事件第一知情人也会成为侦查机关需要询问的对象，属于案件的证人，需要对如何知晓性侵事件的发生经过做一个陈述，是案件案发的一个证据。案件进入司法程序后，可能因为各种因素，需要再次询问被害女孩。父母在得知有关案件发生的经过时，需要特别注意保持理性，父母的态度对被害女孩陈述的情况影响较大，被害女孩很可能会根据父母的态度，采取隐瞒、夸张或如实陈述，也会考虑是全部讲还是部分讲，这些都直接影响到案件的侦查取证工作。

假如被害女孩和性侵犯者之间接触交往，有物品、经济往来等，需要父母注意保存有关凭证，只要是在二者之间发生的经济、财务关系的凭证、物品均可以提供给公安机关作为证据。

当一个性侵案件进入司法程序，一切都会按照司法程序来进行。国家司法部门按照法律规定，依法办理有关性侵刑事案件，被害女孩以及父母需要在这个过程中保持理性和耐心，信任国家司法部门会依法做出公正的处理。

父母不仅需要修复自己的创伤，更需要保持理性来抚慰和呵护被害女孩的创伤。

面对孩子遭受的性犯罪事件，父母该如何自救

儿童性侵犯事件严重到一定程度就会构成性犯罪，不单单对被害儿童造成巨大的心理创伤，对被害儿童的家庭（特别是父母）来说，也是一次巨大的打击和心理创伤。性侵事件给未成年人身心带来的负面影响，有可能延续到成年，需要家庭的帮助和支持，才能减少或消除这种负面影响。

父母作为被害女孩最亲密的人，对待性侵事件和被害女孩的态度和方式，对孩子的成长影响同样深远，所以，当父母在面对这样一个巨大打击的时候，如何面对和处理自己的内心伤害就非常关键了。只有父母尽快走出来，恢复理性，才能有效帮助被害女孩走出阴霾，减少和消除负面影响，尽快结束这个事件对被害儿童的伤害，逐步恢复正常生活。

面对这样一个重大创伤需要自救的时候，需要借助一些心理学理论来处理创伤情绪，来处理我们自己的创伤经历。

父母面对孩子遭遇性侵犯事件，特别是遭受到熟人性侵事件时，第一个阶段情绪反应是否认。当我们遇到一件自己

无法承受的事情时，会形成一个强烈的冲击，孩子受伤越严重，遇到的事情越超过我们的预期，情感的冲击越大，我们的神经系统会条件反射自动出现第一个反应——否认。“这不可能！”“这不是真的！”但是，当事情被证实是真的后，我们的情绪会不断被激发，在否认和愤怒之间来回交织摆动。

否认情绪的自动激发是对个人的一种保护，但当我们无法从否认中走出来的时候，对个人和事情的处理都是非常糟糕的。比如，当得知女孩受伤严重且性侵女孩的是家人时，否认的情绪就会突显得特别强烈，徘徊在否认情绪中，自己的创伤会进一步加大加深，却又于事无补。

大多数情况，当我们确认事情是真的后，我们就会迎来第二个阶段的情绪——愤怒。在这种情形之下，愤怒是一种再正常不过的状态。愤怒，是一种急剧、强烈、具有破坏力的情绪。当我们充满愤怒情绪的时候，本能反应是想要去做点什么，要改变一些现实，要去有所作为。

面对性侵事件，愤怒的转换一般会有三个方向：

第一个方向是转向性侵犯者，这个时候父母可能会有想杀了这个人的心。在这种愤怒下，现实中常常会出现殴打性侵犯者的情况，这种极端的愤怒转换方式，往往会反过来造成自己的伤害，应该理性选择报案，让性侵犯者受到法律的惩罚。

第二个方向常常会是被害女孩。这个时候父母内心已经有一些固有的认知，对被害女孩常常有一定的过错推定，特别是被害女孩在平时有不听从父母叮嘱的情况，愤怒往往就指向了被害女孩，出现责骂，损坏女孩的物品，甚至殴打女孩的情况。这种愤怒的转换方式是对被害女孩身心的二次伤害，会严重加深女孩心里创伤的裂痕，父母必须要避免。

第三个方向是父母。当父母安抚被害女孩伤痛无效时，当性侵犯者还没按父母预想的那样受到惩罚时，当面对外部环境对事件的看法无法申辩时，这种无能为力的感觉很容易让父母把愤怒的情绪转向自己。我们会追溯事件发生之前，自己为什么没早点发现，恨自己的疏忽，恨自己教育的失败，甚至恨自己的运气，这个时候父母会产生很多的内疚和自责。

愤怒需要转换，但需要避免极端方式的转换，并且愤怒不需要否认和压抑，因为它是一种情绪，是一种能量，需要一个过程，需要我们觉察并理性接纳。

对父母而言，第三个阶段需要处理的情绪就是内疚和自责。内疚和自责的情绪会滋生出沮丧、悲伤以及无力感，特别是面对伤害严重的孩子，孩子的情绪反应直接牵动父母的情绪。孩子有退缩、抑郁、焦虑反应的时候，父母会处在内疚、自责中；孩子脾气暴怒时，又会牵发父母的愤怒。如果父母长期陷在内疚、自责的情绪中，会对被害女孩的行为有求必应，导致无边界的迁就，继续破坏孩子对人际关系的边界感。

被害女孩因为心理创伤反应，往往会出现偏差行为。事实上，这些偏差行为是需要纠正的，但因为父母的内疚和自责，往往会采取放任的态度，不利于被害女孩的恢复，所以父母需要觉察并纠正自己的内疚、自责情绪，及时清除随之而滋生的沮丧、悲伤和无力感。

儿童性侵事件发生后，被害女孩的父母会经常回想事情的某些细节，所以父母在上述情绪之间会有反复，特别是愤怒、内疚、自责之间的反复。如果我们能够觉察到这些，会有利于在情绪反复的过程中，做出正确的适应性行为，这些行为包括转换愤怒的报案行为，包括对被害女孩的保护措施。而做出这些理性的行为，代表父母度过了第四个阶段——接受现实。

性侵犯事件带给孩子的心理创伤往往是长期的，需要父母接下来审视自己的内心和自我价值感，这也是父母需要经历的第五个阶段。

父母应先审视自己的内心，认识整件事不是被害女孩的错（参见前面的章节），她只是被害者，错的是性侵犯者。审视自己内心对女孩遭受性侵犯后，哪些认识的误区会导致愤怒指向女孩，哪些认识误区会导致愤怒指向自己（参见之前关于性侵认识误区的章节），然后，审视自我价值感打击在什么地方，审视自己内心在担忧什么，这些担忧来源于哪些认知。只有父母正确地审视自己的内心和自我价值观，才能走向父母自我疗愈的第六个阶段——放下。

对于放下这一段阶段，不同的父母有不同的解读。有的父母把回避、逃跑当作把性侵事件放下的策略，这样的方式是把心理创伤包裹起来，回避不去面对，在某一个时间段看起来或许是有效，但在前面的章节，我曾经讲到这种方式对孩子的心理创伤常常会有“沉睡效应”。真实的放下包括以下三个方面：

（1）原谅自己。把内疚和自责转换成审视自己内心和重新开始的动力，只有原谅自己，才能保证自己在面对被害孩子的偏差行为时有足够的理性，做到不放纵、不打击。

（2）着眼于现在，珍惜自己。锻炼身体，规律饮食，把自己能量恢复过来，做孩子的榜样，带动孩子爱惜自己。

（3）决定行动，这是父母自救的目的。决定行动是针对被害女孩的一系列持续的支持和保护，需要父母持续行动，只有当父母能够自救，理性地开始决定行动的时候，才是真正有效地启动了被害女孩心理创伤的康复之路。

此外，面对创伤事件的发生，谁也无法预估这个事件会对父母造成什么样的心理伤害。当父母想自救并急着想帮助孩子的时候，同时，又感觉到自己的负面情绪长时间（超过一个月）无法自控和纾解。这个时候，请父母意识到自己可能需要专业的心理帮助，求助专业心理医生的帮助是最好、最省时的途径。

请记住，面对女孩遭受性侵犯事件，只有父母或监护人先恢复好心理上的创伤，才有能力帮助受伤的女孩。下一节，我们将具体讲述在家里如何最大可能地帮助被害女孩。

父母如何帮助受害女孩
走出性暴力伤害事件

任何父母面对自己的孩子遭到性侵犯事件时，都是异常艰难的，需要艰难地进行自我情绪急救，恢复理性，做到放下，才有能力采取行动来帮助和挽救被害女孩。

当父母处在否认、愤怒、内疚、自责、沮丧、无力等各种消极的负面情绪中时，会有各种相应的行为，比如：在否认状态下，父母会退缩回避、不理睬被害女孩；愤怒下的责骂、殴打行为；内疚自责下的过度补偿和放纵行为；沮丧无力下的忽视冷漠行为；等等。这些行为都不能自救，也无法帮助被害女孩。

作为家长，作为孩子最亲的人，如何做才能真正帮助被害女孩?

第一，接纳。不论父母自己处在哪种情绪状态中，也不论孩子是什么状态，接纳是孩子遭受性侵犯后疗愈心理创伤的起点。接纳孩子的情绪状态，如抑郁、焦虑、害怕、愤怒……所有情绪也会有表现出相应的行为，某些破坏性的行为或许会激怒家长。这个时候，父母需要全部接纳，绝对不能用自己的负面情绪去打压、对抗孩子的负面情绪，在保证孩子人身安全的前提下，允许孩子宣泄，即使这种表达方式带有一定的破坏性。

第二，爱，无条件的爱。遭受性侵创伤的女孩，不论年龄大小，会下意识地在内心进行自我否定。比如，会认为自己不说出来就好了，家里人不会因此吵架；认为是自己的错，才让事情一团糟；认为自己是一个坏孩子，认为自己不可能得到爱，也不配得到爱，等等，同时，又常常会把他人的呵护和照顾当作可怜和同情，产生反感情绪。事实上，遭受性侵创伤的女孩需要的是共情理解，而不是可怜和同情。在他人可怜和同情的目光下，女孩对自我否定会有更深的认同。父母爱子女，需要付出无条件的爱，更需要多一些耐心和敏感心，因为遭受性侵创伤的女孩所表现出来的情绪和行为，背后都有一个共同点——恐惧。努力正视孩子情绪，一如既往地表达父母的爱，尝试和孩子有效沟通，了解孩子内心真正恐惧的是什么？是自己的困扰还是家人的态度？是同学、小伙伴的关系？还是忧虑以后？为孩子的创伤找到下一步康复的出口。

这个体察和了解的过程不会像小葱拌豆腐一样一清二白，相反，是曲折、复杂、纠缠和模糊的，有时候孩子自己都没有清晰的认识，只有恐惧是确切的，需要父母的耐心和敏感心，

一样都不能少。

第三，和孩子重建链接。遭受性侵犯特别是遭受熟人性侵的女孩，其心理创伤的一个非常重要的方面是人际关系的破坏，是安全感的坍塌。原本信任的人是不值得信任的，如果这样的负面认知走向极端，就会逐渐偏向认为周围乃至这个世界都是充满危险的、不安全的，自己无法预测哪里可以得到安全。童年的这些认知逐渐内化，会采取一些偏差性的行为来自我保护，难以和别人建立和维持一个良好的人际关系，会严重破坏孩子的身心健康。

孩子的安全感坍塌后，就意味着孩子和父母之间的信任关系断裂了，父母需要和孩子重新建立链接，就好像孩子回到出生时需要和父母建立链接的阶段，但又可能比这个更难。

熟人性侵破坏了孩子人际关系的边界感，颠覆了孩子内心的认知和掌控感，使孩子茫然不知所措。缺乏必要的边界感，也就没有了安全感，会对周围充满惶恐。

重新确立孩子相信父母有能力保护自己的信念链接，当孩子可以重新获得和父母这样的链接时，父母照顾他们的行为才能被孩子真正接受，进而重启了建立孩子安全感之路。

第四，确立目标。修复女孩性侵心理创伤是一个需要父母长期努力才能完成的目标，当父母可以重新和孩子建立链接之后，确立目标就是帮助孩子重新建立自我的一个途径。孩子还会继续成长，针对所要面临的问题，确立一个个小的可以实现的目标，包括可以从房间走到客厅，可以正常吃一顿饭，可以正常休息，又或者可以画一幅画……

人的安全感是分层级的，遭受性侵犯孩子被破坏掉的安全感是自我最基础的安全感层级，需要从最初和父母的信任链接中开始重建。

这些日常小目标就是为了重建和恢复日常生活秩序，修复正常生活轨道中的点点滴滴。规律生活可以帮助孩子建立日常的秩序感，消除茫然不知所措的恐惧。规律、秩序也可以初步帮助孩子建立对生活的确定性，修复被破坏掉的安全感。

第五，考虑交往，重新面对性的问题。女孩遭遇的伤害是性侵的伤害，而性是每个人一生都无法回避的一个重要人生课题。在修复伤痛的过程中，就必须经历一个重新面对性的问题，对于这个问题，孩子特别需要父母的帮助。

“让孩子认识到发生性侵犯是侵犯者的责任，不是自己的错”是第一个认知。之后该如何看待性？性是羞耻的吗？性还可能是平等的吗？两性关系中的性还包含快乐在里面吗？这些都会重新摆到父母和孩子面前，父母如果回避，问题不但不可能消失，而且会长期甚至终身影响到女孩。

在这里，希望父母参见第二章关于“父母应该向女孩传递怎样的性理念”的内容，身体自主权意识、性平等意识、勇气的意识仍旧是女孩性理念中的三个关键点，也是修复女孩性心理创伤的关键点。

最后，就是走向自由，重获新生。在这一修复过程中，父母和孩子都需要付出长期而艰苦的努力。遭受性侵的负面影响可能是终身的，也可能被消除。最起码经过努力，是能够被减少的。

当被害女孩逐渐感觉到这个世界依然存在安全感，建立起了人际的信任感，有能力分辨和面对外在环境带给自己的压力，感到自己是有选择权的，可以选择爱和被爱，并能够看到未来的希望，对自己的价值重新有了认识和定位。这个时候，曾经的心灵创伤就成为她有勇气面对困境的坚实后盾。

同时，也特别提醒父母们，性侵造成的心理创伤对每个体来说有较大的差异，因此在必要的时候，父母应该及时帮助孩子求助专业团队寻求援助和治疗，科学有效的心理治疗才是最佳选择。